ESTHÉTIQUES

Collection dirigée par Jean-Louis Déotte

Pour situer notre collection, nous pouvons reprendre les termes de Benjamin annonçant son projet de revue : *Angelus Novus.*

« En justifiant sa propre forme, la revue dont voici le projet voudrait faire en sorte qu'on ait confiance en son contenu. Sa forme est née de la réflexion sur ce qui fait l'essence de la revue et elle peut, non pas rendre le programme inutile, mais éviter qu'il suscite une productivité illusoire. Les programmes ne valent que pour l'activité que quelques individus ou quelques personnes étroitement liées entre elles déploient en direction d'un but précis ; une revue, qui expression vitale d'un certain esprit, est toujours bien plus imprévisible et plus inconsciente, mais aussi plus riche d'avenir et de développement que ne peut l'être toute manifestation de la volonté, une telle revue se méprendrait sur elle-même si elle voulait se reconnaître dans des principes, quels qu'ils soient. Par conséquent, pour autant que l'on puisse en attendre une réflexion – et, bien comprise, une telle attente est légitimement sans limites –, la réflexion que voici devra porter, moins sur ses pensées et ses opinions que sur les fondements et ses lois ; d'ailleurs, on ne doit plus attendre de l'être humain qu'il ait toujours conscience de ses tendances les plus intimes, mais bien qu'il ait conscience de sa destination.

La véritable destination d'une revue est de témoigner de l'esprit de son époque. L'actualité de cet esprit importe plus à mes yeux, que son unité ou sa clarté elles-mêmes ; voilà ce qui la condamnerait – tel un quotidien – à l'inconsistance si ne prenait forme en elle une vie assez puissante pour sauver encore ce qui est problématique, pour la simple raison qu'elle l'admet. En effet, l'existence d'une revue dont l'actualité est dépourvue de toute prétention historique est justifiée… »

Dernières parutions

Martine LEFEUVRE-DÉOTTE, *Les campeurs de la République*, 2017.

Sandrine MORSILLO, *Eric Vigner, un théâtre plasticien. Lectures-performance au Musée d'Art Moderne de la ville de Paris (2013/2015)*, 2017.

Claude AMEY, *Duchamp & Warhol. De l'artiste à l'anartiste*, 2016.

Sandrine MORSILLO, *L'exposition à l'œuvre dans la peinture même*, 2015.

Lucie ROY, *Le pouvoir de l'oubliée : la perception au cinéma, Un essai à caractère philosophique*, 2015.

W. Benjamin littéralement

5-7, rue de l'Ecole-Polytechnique, 75005 Paris

http://www.harmattan.fr

ISBN : 978-2-343-12354-7
EAN : 9782343123547

Jean-Louis DÉOTTE

W. Benjamin littéralement

Dialogues avec I. Brocchini, M. Bubb, A. Brossat, V. Fabbri, P.D. Huyghe, I. Launay, F. Margariti, A. Naze

L'Harmattan

Sommaire

Introduction

Nous avons rassemblé ici une série d'études sur W. Benjamin. Ce sont soit des compte-rendu d'ouvrages portant sur cet auteur, ouvrages issus de thèses universitaires, soit des thèses qui l'évoquent au sens où il utilisait cette notion. L'évocation est pour lui synonyme d'une exposition s'adressant au plus grand nombre. Une exposition littérale qui s'oppose à une recherche herméneutique. Une exposition d'objets en fait.

En tant que directeur de thèses ou de mémoires de recherche dans le cadre d'une Habilitation à Diriger des Recherches à l'Université Paris 8, ou de membre de jurys universitaires (Paris 1, Strasbourg), je me suis retrouvé souvent dans la position du donataire. Position qui est celle de l'éducateur du fameux texte de W.Benjamin sur le « théâtre prolétarien d'Asjas Lacis »[1] , quand sur la scène théâtrale rendue possible par la Révolution de 1917, les rapports entre les jeunes des rues et leurs éducateurs, sont inversés selon le principe du renversement carnavalesque. Il revenait alors aux éducateurs à déchiffrer les gestes des « acteurs » improvisés et à en faire bon usage. Or, pour Benjamin, il n'y a pas d'apprentissage sans « imitation non

---

[1] Que je commente ici : « Le cinéma, un appareil de déviance ».

sensible ». Expression énigmatique qui renvoie chez lui à la calligraphie. Un geste lors de la représentation sur scène, c'est comme une calligraphie chinoise, laquelle synthétise en un acte, un mouvement rapide et une stase.

Une chose est certaine, c'est que la relation entre l'éducateur (le directeur de thèse par exemple) et celui qui s'initie à la recherche, n'est pas de l'ordre de la communication unilatérale, puisque l'un apprend de l'autre et réciproquement lors d'une « représentation [2]» qui est le grand moment de l'échange. L'un parasite l'autre dans une relation parfaitement réversible. D'ailleurs pour philosopher ne faut-il pas parasiter ? Nous sommes de plus en plus nombreux à nous sentir réduits à l'état de parasites, comme Benjamin toute sa vie. Dans l'institution universitaire elle-même, nous, philosophes, devrions prouver notre'utilité. L'idéal serait que, de près ou de loin, nous puissions contribuer à la production nationale et participer à l'effort d'innovation des entreprises. Au minimum, apporter un peu d'éthique dans le monde de la spéculation financière. Mais avons-nous vraiment des leçons de finalité à donner ?

Ce sont peut-être les artistes qui vont contribuer à nous tirer d'embarras, car ils ont fait du parasitage un mode d'être, une technique, un rapport à l'institution culturelle[3]. Si le rapport intéressant de l'artiste à l'institution, en dehors de la commande, est un rapport de parasitage, alors Il peut en aller de même pour le chercheur face à son laboratoire. L'artiste et le chercheur ont certes la tâche officielle de participer à la réalisation du programme, culturel ou techno-scientifique, de l'institution. Mais alors l'événement est en amont : c'est

---

[2] La représentation n'est pas chez Benjamin liée à l'appareil perspectif.

[3] Pascale Borrel et Marion Hohlfeldt : *Parasite(s). Une stratégie de création*, 2010, L'Harmattan.

l'acceptation du programme. Et donc son financement privé ou public. En aval, il leur reste seulement à jouer toutes les parties que le programme rend possible, jusqu'à saturation. Jusqu'à ce que, comme au jeu de dames, tous les coups ayant été inventés, le jeu tombe en désuétude. C'est le désoeuvrement dans lequel se trouvent aujourd'hui certaines équipes de laboratoires pharmaceutiques. Après avoir cloné les grands brevets, elles ont fait le tour de tous les médicaments génériques possibles. Elles aimeraient bien qu'on leur commande l'impossible... L'attitude des artistes face aux "institutions" a changé. Les proclamations contre le musée censé tuer l'art sont apparues pour ce qu'elles ont toujours été : irréfléchies[4]. Le musée n'aliène pas l'art, il le définit selon les principes de l'esthétique. Longtemps, du fait de la prégnance des manifestes des avant-gardes, les artistes se sont pris pour des acteurs politiques. De quasi militants. Puis, Schwitters, Tzara, Théo van Doesburg et Arp, très tôt (1923) ont compris le danger d'un endoctrinement par l'"art prolétarien" que voulaient imposer les dadaïstes communistes berlinois. L'appareil artistique *Merz* de Schwitters est une activité de parasitage de sa propre activité de professionnel de la communication d'entreprise et de design industriel. Il la suppose en en détournant l'énergie et la finalité. Si l'on croit encore à la possibilité de l'événement en art comme en philosophie, alors il faut ruser. La ruse, car il s'agit bien d'une ruse, consiste à donner le change. On fait mine d'accepter le cadre institutionnel. Il n'est pas question de grands gestes de refus. Il ne s'agit pas de subversion. On se méfie des appels à la résistance. Comme le rappelle

[4] J.L. Déotte : *Le Musée n'est pas un dispositif*, in : Cosmétiques. Simondon, Panofsky, Lyotard. Open editions, 2017.

M.Serres dans *Le Parasite* (1997)[5], le code génétique du parasite biologique devient compatible avec celui de l'organisme-hôte. Sinon les anti-corps de l'hôte veillent, et c'est la destruction. Cette association involontaire peut perdurer parce qu'elle est profitable aux deux organismes : c'est la formule du clientélisme romain. L'un trouve protection et nourriture, l'autre la reconnaissance sociale et politique. L'événement surgit quand l'organisme-hôte s'adapte à son tour au code génétique du parasite et que surgit une structure totalement inattendue. L'appareil digestif humain n'a-t-il pas intégré bien des bactéries parasitaires, bactéries qui sont aujourd'hui indispensables à son fonctionnement ? Nos parasites nous enrichissent.

Il faut préciser cette relation entre l'hôte et le parasite en dehors de la sphère biologique. Car malgré certaines propositions benjaminiennes (la mise en rapport de la perception d'une architecture et celle d'un film[6]), la sphère privilégiée est celle de l'espace, entendu au sens topologique : entrecroisement, puis compénétration et finalement porosité des espaces. Un bon parasite imite son hôte. Comme le rappelle Benjamin, la *mimésis* est au cœur de tout apprentissage[7]. C'est massivement le cas dans la sphère de l'éducation. Un bon étudiant est un parasite se nourrissant de plusieurs organismes hôtes (ses enseignants), voire d'une institution de formation, mais il ne doit pas dévoiler trop tôt

---

[5] M.Serres manque à mon avis la structure du parasite parce que partant du schéma élémentaire de la communication (destinateur/destinataire) il ne peut faire du parasite que ce grésillement qui vient perturber une émission radiophonique. Il faudrait plutôt partir de lui et y voir ce qui rend possible la communication, à savoir l'appareil lui-même.

[6] J.L. Déotte :*Walter Benjamin et la forme plastique*, 2012.

[7] W. Benjamin : *Sur le pouvoir d'imitation*, 1933. Trad.fr. M. de Gandillac, P.Rusch, Oeuvres complètes, T.2, 2000.

ses batteries, c'est-à-dire sa singularité. On voudra bien me pardonner ici de prendre mon exemple : j'ai écrit ma thèse sur les musées sous la direction de Lyotard, or ce dernier était adornien, donc très hostile aux institutions culturelles. Ce n'est que bien après la publication de mes deux livres sur le musée qu'il me fit part de son soupçon : avait-il eu raison de diriger cette thèse ? A vrai dire, au moment de la rédaction de la thèse, je n'avais pas conscience de parasiter le maître. Mais Lyotard était fort disposé à accueillir de tels parasites, parce qu'il était très généreux, qu'il pouvait se passionner. Par exemple, il avait une vraie passion pour certains artistes comme Buren, pour certains jeunes chercheurs.

Mais ces jeunes chercheurs doivent prendre garde que celui qui les a abrités peut très bien devenir leur parasite et alimenter ses propres recherches de leurs propres travaux. C'est le plagiat de plus en plus étendu (cf. les enquêtes de Michelle Bergadaa de l'Université de Genève, de Jean-Noël Darde de Paris 8). Les thèses sont ainsi très prisées. C'est que les universitaires en titre doivent toujours publier davantage dans les revues cotées et qu'ils sont de moins en moins nombreux à diriger des thèses. Le rapport de parasitage est donc réversible, surtout dans les sciences humaines et sociales où le professeur quand il publie un article ne le fait pas au nom d'un laboratoire scientifique, auquel cas tous ceux qui ont participé à la recherche co-signent l'article, même les techniciens dudit laboratoire. Le professeur essayiste se délivre de ces contraintes, sauf exception (Lyotard) et s'identifie peu ou prou au génie romantique inspiré par une muse. Quand ils sont pris sur le fait, comme Poivre d'Arvor ou J.Attali, ils invoquent la transmission de pensée.

Si maintenant on replace ces analyses dans le contexte des rapports entre industries culturelles et production artistique artisanale, depuis l'Ecole de Francfort et son ancêtre Kracauer, on a l'habitude d'entendre dire que les premières aliènent la seconde. En fait, si les industries culturelles se renouvellent en absorbant les nouveaux talents, ces derniers doivent considérer la culture au sens le plus large comme un terreau fertile. Toute l'oeuvre de Buren en témoigne, des proclamations incendiaires, anti-muséales des années 60 jusqu'au *Double Plateau du Palais Royal*, où les socles des statues devinrent des monolithes structurant la cour du Ministère de la Culture. On ne parlera pas de récupération. Car il y a du risque de chaque côté, voire du défi : le ministre Lang dut mener une rude bataille contre la droite parisienne pour imposer Buren. Tartuffe s'installant dans une famille et c'est la ruine assurée. Mais encore fallait-il l'accueil favorable du maître de maison pour que la séduction de l'hypocrite puisse l'emporter. Le philosophe du *Neveu de Rameau* ne reste pas indemne d'une telle fréquentation : qui est cynique, du Neveu ou du Philosophe ? On sait que le rapport entre les formes plastiques héritées et la production artistique novatrice est pensé par Benjamin en termes de déformation-dissolution (*Entstaltung*) de l'héritage[8], déformation qui n'est pas une destruction, mais plutôt une remise en mouvement de ce qui s'était figé. Comme si la forme héritée, patrimoniale, enkystait une apparition que l'action artistique va libérer. Ce qui implique que les collections, les musées, le répertoire musical et chorégraphique, des institutions comme l'Opéra de Paris [9], bref ce qu'on appelle la culture, appartiennent aux conditions de possibilité des arts que les

---

[8] Cf. Les travaux de M.Bubb.

[9] Cf. Les travaux d'I.Launay

artistes par leur production et les critiques par l'interprétation doivent remettre en mouvement. Cela doit nous préparer à considérer qu'un artiste, à l'imitation de Descartes, ne peut monter sur la scène du monde sans être masqué. Mais il n'est pas le seul. C'est le cas aujourd'hui du philosophe qui ne peut survivre qu'appareillé du masque du chercheur en sciences humaines. Il y a des activités qu'on ne peut mener que masqué, le rapport au masque n'étant pas superficiel mais substantiel. La philosophie naissante avait besoin de la Cité politique pour se développer et trouver des adeptes, il lui fallait la possibilité des débats, des confrontations, du *polémos*, mais était-elle pour autant essentiellement politique ? Arendt ne le pense pas[10]. Elle ajoute que la philosophie parce qu'elle était philosophie politique a plutôt contribué à étouffer la politique comme action. Autre temps, autre situation : comment continuer de philosopher alors que l'Université est chrétienne et que règne la théologie ? En adaptant Aristote à la problématique du dogme, comme le fit Thomas, mais la philosophie, en elle-même ne relève pas de la foi, son rapport au Livre n'est pas celui de la Révélation (Léo Strauss). Dans son dernier texte, *Les thèses sur la philosophie de l'histoire*, Benjamin qui a beaucoup payé de son oeuvre pour paraître marxiste, introduit un dernier parasite : la théologie. Etait-ce sa vérité ? L'introduction de l'enseignement de la philosophie dans le secondaire en France date du Second Empire et d'un philosophe éclectique néo-hégélien : Victor Cousin. Ce qui était cohérent avec une philosophie faisant de l'Etat la réalisation de la liberté (Hegel : *Philosophie du droit*). L'enseignement de la philosophie serait donc émancipateur par essence, et ses fonctionnaires des libérateurs ! En fait le

10 H.Arendt : *Condition de l'homme moderne*, trad.fr. G.Fradier, 1983.

statut de la fonction publique en France, et la large autonomie dont bénéficient encore les enseignants du secondaire, permettent de constituer des niches écologiques dont profitent tous les parasites possibles, philosophiques ou anti-philosophiques.

Philosopher est nécessairement une activité parasitaire parce que c'est, comme l'écrivait Lyotard, un jeu de langage à la recherche de ses règles [11]. La philosophie et l'art s'adossent toujours à une cosmétique onto-théo-esthétique (une destination). La situation des années 60-70 a été caractérisée par la domination des sciences humaines et du structuralisme, Foucault a donné le change avec la notion d'*épistémé*, Lyotard avec celle de bloc d'écriture et de surface d'inscription, Derrida avec celle d'écriture, etc.. Aujourd'hui les programmes de recherche institués sont dominés par des modèles issus des sciences dures, les philosophes devraient dit-on s'organiser en laboratoires et autres instituts, ne publier que des articles (et non des livres) dans des revues internationales anglo-saxonnes de référence, rédiger leur thèse en trois ans, etc.. Face à ce trait d'époque, les déclarations d'indépendance universitaire sont dérisoires. Il faut donc répondre aux appels d'offre, aux programmes de recherche « scientifique » : il y aura toujours des interstices où faire passer une activité pensante non-politique, non-théologique, non techno-scientifique, non-artistique, non-humaniste, non-allemande, non-française, non-anglo-saxonne, etc, une sorte de parasitisme actif en somme ?

Mais il y a masque et masque : la philosophie n'est pas cette activité pensante qui pourrait un jour faire l'économie de masques en les ayant tous portés. En dehors de cette collection de masques, elle n'est rien qu'on pourrait isoler

---

[11] J.F.Lyotard : *La Condition postmoderne*, 1979.

dans sa pureté. Il n'y aura pas un jour divin où l'Esprit se saisira totalement dans toute sa transparence. Son apparaître configure son être : d'où son essentielle historicité, son mouvement et les formes où successivement elle se fige. Ces formes qui peuvent toujours à leur tour être défigurées. Parce qu'elles sont nécessaires et pourtant relatives : il n'y a pas de dialectique de l'Esprit où chaque étape aurait sa nécessité interne (Hegel). S'il y a des événements qui font époque, comme le surgissement de tel ou tel appareil (la perspective, le musée, la photo, le cinéma, la psychanalyse, etc.), le défi pour la philosophie vient de l'extérieur. Est-ce à dire que les philosophies ont besoin de façades pour être acceptées ? Mais la notion de façade n'est-elle pas historiquement déterminée ? En fait, c'est une notion qui a été déconsidérée par le mouvement moderniste, au nom de la transparence, il aurait fallu que l'infrastructure technique se révélât elle-même. Comme le montre Giedion analysant l'architecture moderne[12], la structure du bâtiment moderne au XIXème siècle était technique, c'est-à-dire de fer et de béton, sa « philosophie » était donc technique, mais la façade était historisante, c'est-à-dire néo-gothique, néo-classique, néo-byzantine, etc.. Donc passéiste. La façade est un mode d'apparaître pris en charge par une époque qui aura eu ce destin-là. Le destin au XIXème était de renouer avec les formes passées : dès lors, ces façades abritaient ce qui devait les remettre radicalement en cause, jusqu'à ce qu'il n'y eut apparemment plus de façades avec le mouvement moderne (Bauhaus[13], Le Corbusier), qui s'en est passé, jusqu'à ce

---

[12] S.Giedion : *Construire en France, construire en fer, construire en béton*, 1928, éd. fr. Editions de la Villette, 2000.

[13] Cf. Les travaux de P.D.Huyghe.

qu'on assiste aujourd'hui à un nouveau façadisme[14], avec par exemple Jean Nouvel et la Fondation Cartier à Paris où la façade est nettement détachée du bâtiment qu'elle annonce et protège. Le mouvement moderniste, dont Giedion était l'apôtre puisqu'il dirigeait les CIAM, a entretenu l'illusion d'une sorte de corporéité sans peau, d'évidence époquale, de la structure technique se donnant enfin dans son essence, de là la supposée évidence de l'architecture se sachant enfin elle-même et l'exposant, ce qui était censé achever l'histoire de l'architecture. D'une manière parallèle, l'esthétique moderne comme celle de Greenberg réduisait la peinture à son support bidimensionnel, moment prétendument ultime de la peinture.

Au contraire, pour reprendre le défi que Benjamin avait voulu lancer à Giedion dont il admirait l'ouvrage, il faudrait dire que le rapport entre le corps (et ses humeurs) et le rêve doit remplacer celui décrit par Giedion entre l'infrastructure technique, moderne, et les façades historisantes du XIXème siècle. Ce qu'on pourrait interpréter de la manière suivante : le rêve est pour la singularité corporelle ce qui l'abrite nécessairement. Or, ce que dit Benjamin d'un corps individuel, il l'étend à l'humanité qui est pour lui un corps collectif. Ce qui impliquerait que nos rêveries collectives, ce que d'aucuns auparavant appelaient « idéologies », offrent l'hospitalité requise pour vivre. D'ailleurs Benjamin étendait cette fonction à ce qu'il appelait « maisons du rêve collectif » : gares, musées, thermes et évidemment passages urbains : ces boyaux où le collectif se constitue en masse désirante. Ces rêveries collectives sont-elles aliénantes ? Oui, pour celui qui croit posséder la vérité de l'histoire, alors qu'il ne parasite qu'une autre étape de la rêverie, ce dont il n'a pas

---

14 Cf. la thèse d'Illaria Brocchini.

conscience. Il est évident, par exemple, que les motifs d'agir et d'énoncer publiquement en Mai 68 étaient de cet ordre, relevant d'une métaphysique de la présence à soi, de la transparence, de la parole sans support et du désir immédiat. Mais sans l'incandescence de cette rêverie collective l'ordre du monde n'aurait pas été ébranlé.

Pour récapituler : derrière le masque du philosophe, il n'y a pas un visage bien configuré, un visage qui pourrait s'admirer dans un miroir, un visage dont il pourrait analyser les traits, dont il pourrait tirer un autoportrait. La relation entre la philosophie et ses masques lui est vitale : le procès de Socrate est révélateur à cet égard[15]. Socrate condamné, ses disciples lui proposent de fuir la Cité. Ce qu'il refusera de faire. C'est que l'existence de la vie en Cité était alors consubstantielle à la philosophie. C'est évidemment paradoxal pour une philosophie qui montrait la nécessité d'un arrière-monde idéel, plus réel que la réalité empirique. Platon n'échappa pas au paradoxe en faisant le voyage auprès du tyran à Syracuse. Les voyages des philosophes sont intéressants à ce titre : Descartes auprès de Christine de Suède, Diderot et Catherine de Russie, etc.. Attrait pour les tyrans ? Fascination du pouvoir ? Ou plus profondément : quand le foyer du sens[16] est identifiable et localisable, quand le Prince est un corps, et qu'en sa personne se réunissent la Loi et le Pouvoir, n'est-il pas inévitable que le savoir philosophique ne puisse échapper à cette attraction et qu'il le parasite, même pour une philosophie de l'*ego cogito* comme point de départ et assise absolus? La médiatisation de la philosophie, en particulier depuis les « Nouveaux philosophes » français, n'a fait qu'accentuer ce phénomène.

---

[15] Platon : *Apologie de Socrate.*

[16] Cl. Lefort : *Le travail de l'œuvre.Machiavel*, 1973.

La cité d'Athènes réunissait bien Pouvoir et Loi, sans s'incorporer dans quiconque (démocratie directe), mais elle était bien localisée, le mythe d'autochtonie ne rendant pas légitime l'exil. Ce ne sont pas les principes fondamentaux d'une philosophie qui sont ici en jeu, par exemple le cogito chez Descartes, mais le rapport d'une philosophie à l'articulation "extérieure", c'est-à-dire donatrice de sens, au symbolique, qui se décompose en trois pôles : Savoir, Loi, Pouvoir. Quand les trois pôles sont intriqués, il n'est pas certain que la philosophie trouve une possibilité d'être, ni l'art au sens de l'esthétique, d'ailleurs (totalitarismes). Au contraire, sa plus grande possibilité surgit du fait de leur désintrication, que Lefort nomme "démocratie". La démocratie est indissociable du refus de l'incorporation. La démocratie va de pair avec la différenciation des pôles, avec la délocalisation du pouvoir. Le pouvoir n'étant plus arrimé n'est plus situable. Le lieu du foyer du sens devient une énigme.

Sa localisation, qu'on peut dire historique et culturelle, voire nationale, devient l'affaire de l'appareil qui est alors dominant, structurant la sensibilité commune, parce qu'il fait époque (cf. le cinéma pour le XXème siècle). Dès lors, ce foyer du sens peut ne pas coïncider avec le lieu du pouvoir politique. Cela devient l'affaire du cinéma, comme c'était celle de la photographie au XIXème siècle[17]. C'est parce que le foyer du sens n'est plus situable qu'il revient aux appareils projectifs de lui faire lieu. Ce fut le rôle de la perspective à partir du XVème-XVIème siècle (la scène de la représentation), du musée au XVIIIème (la valeur esthétique). Les arts ne relèvent du politique qu'à ce titre, ce qui suppose qu'ils soient toujours appareillés.

---

[17] Cf. Les travaux d'A.Naze.

Il n'est pas étonnant que le cinéma anglo-saxon revienne si souvent sur des procès : c'est que l'interrogatoire des témoins et de l'inculpé, les interventions des avocats, le rappel de la loi par le juge, configurent une scène de l'élaboration jurisprudentielle de la vérité qui n'a pas son équivalent ailleurs. Le tribunal est alors une certaine détermination civilisationnelle du foyer du sens démocratique (cf. John Ford : *Vers sa destinée. Le jeune A. Lincoln.* La refondation de la société étasunienne est indissociable du tribunal où les faussaires sont démasqués). Inutile de chercher ailleurs les causes du primat de la philosophie du langage dans la philosophie anglo-saxonne. Rien de tel dans les pays latins, catholiques, où ne règne pas la culture de la preuve juridique, mais de l'aveu. C'est la raison pour laquelle, Foucault a consacré tant de pages à cette configuration[18].

La situation de foyer du sens fut tout autre en Allemagne, en particulier entre les deux guerres : la communauté, puis l'expérience de l'extase après son effondrement, du fait de la défaite que l'Allemagne ne sut pas penser comme telle[19], de l'industrialisation, de la crise monétaire et économique, etc.. Cette expérience, paradoxalement, fut le matériau de la danse "moderne" chez Wigman, Laban et Gert et de la philosophie de néo-heideggeriens comme Lacoue-Labarthe ou J.L.Nancy. Le foyer du sens "moderne" est donc indissociable de sa mise en crise et de sa mise en scène, il se détache sur fond d'unité religieuse perdue (c'est toujours une dimension de la communauté antitechnique : *Métropolis* de F.Lang et Thea von Harbou, 1927).

---

[18] Cf. le débat avec A.Brossat.

[19] W.Benjamin : *Théories du fascisme allemand. A propos du collectif Guerre et guerriers, publié sous la direction d'E.Jünger*, 1930. Trad.fr. P.Rusch, Œuvres complètes, T.2, 2000.

Et en France, à suivre Benjamin ? La fantasmagorie collective, matrice des idéologies modernes (Saint-Simon, Fourier, Grandville). Un cinéma de la masse pour la masse inarticulée ? Un cinéma de la perception de distraction (au sens de Benjamin) ? On peut situer le lieu du foyer du sens chez Benjamin : c'est sans conteste l'expérience, qu'il a cherché au début à penser en termes kantiens, puis tenter, sur cette base de l'élargir à la théologie, à l'esthétique, au langage, jusqu'à inclure l'expérience des techniques d'image quand celles-ci sont devenues époquales. Cette expérience n'est pas subjective et quand elle est politique, elle est déterminée comme spatiale[20]. Ou plus précisément, c'est celle d'un espace d'image où la sphère privée et la sphère collective *s'interpénètrent* selon des modes qu'il exemplifie : Théâtre Olympique de Vicenza, Naples, Paris, Moscou. Dans le cadre de son « matérialisme anthropologique »[21], les expériences politiques sont nécessairement urbaines et elles ont affaire à tel ou tel matériau : la représentation perspective pour la Renaissance italienne, la porosité napolitaine, la fantasmagorie parisienne, la transparence du verre de la modernité : « Vivre dans une maison de verre est, par excellence, une vertu révolutionnaire »[22]. Et il ajoute : « Cela aussi est une ivresse, un exhibitionnisme moral dont nous avons grand besoin. La discrétion sur ses affaires privées, jadis vertu aristocratique, est devenue de plus en plus le fait de petits-bourgeois arrivés.» C'est probablement là la limite de la philosophie de Benjamin, car l'expérience de ce matériau est tout sauf émancipatrice si l'on en croit Tati et son admirable *Play Time* (1967).

---

[20] Cf. les travaux de V.Fabbri et de Fotini Margariti.

[21] W.Benjamin : *Le Surréalisme, dernier instantané de l'intelligenstia européenne.* 1929, trad. fr, M.de Gandillac, P.Rusch, TII, .2000.

[22] *Opus cité*, p.118.

La philosophie se trouve alors inévitablement dans la caverne du cinématographe, se nourrissant de ses thèmes, voire s'écrivant à partir de *storytelling*.

PREMIÈRE PARTIE

La technique comme innervation

A. Naze[*]

Ce livre, ce premier tome d'une œuvre consacrée à Benjamin et Pasolini, du fait de la richesse singulière de ses analyses et de celles de ses sources, place le lecteur de Benjamin devant un certain nombre d'embarras qu'il faudrait signaler comme autant d'acquis pour une réflexion qui n'est pas prête de s'épuiser. Le premier tome donc, s'agissant de Benjamin, concerne ce qu'on pourrait appeler ses années d'apprentissage, sa formation intellectuelle. Soit d'un côté, le néo-kantisme et donc la critique de la notion kantienne d'expérience, entendue comme expérience que fait un sujet connaissant d'un objet réduit aux dimensions de l'esthétique transcendantale. Cette expérience est décrite comme pauvre en ce qu'elle ne laisse pas de place à la religion. Ce point de départ est évidemment trop restreint, par exemple pour rendre compte de l'expérience esthétique. Faisant l'impasse sur la *Critique du jugement*, qui est elle-même une propédeutique à une critique kantienne de la politique comme le montrera Lyotard, Benjamin dut recourir à la métaphysique, à une onto-théologie du langage, se posant la question de l'*origine* du langage. La contestation d'un langage réduit à sa

---

[*] *Temps, récit et transmission chez W. Benjamin*, 2011.

fonction de communication (K. Kraus), lieu commun à Benjamin et à Pasolini, oblige Benjamin à placer toute son esthétique sous l'emprise du nom et en particulier du nom propre. Il affirme en effet dans *Fragments d'esthétique* que c'est le nom qui configure la forme, ce qui entraîne *a contrario* une conception de l'imagination créatrice pensée comme déformation, ce qui pourrait impliquer en bonne logique que l'artiste travaille contre les noms, défaisant en quelque sorte l'œuvre adamique, voire divine. Ce qu'on appelle « culture » consisterait en la transmission d'œuvres essentiellement nommées, et donc légitimées, l'action plastique, elle, du fait de cette mise en mouvement, pourrait porter le nom d'*hérétique*. Une certaine lecture de Benjamin, en particulier avec les biographes dont celle de Tackels, a fait de lui une victime, de l'histoire et de lui-même. Mais que faire de celui qui, sous l'influence de Rang, revendiquait le paganisme en général et le carnaval en particulier ?

Il y a par ailleurs chez le Benjamin des années 1930 un illégalisme serein, surtout quand dans ses émissions de radio, il s'adresse aux enfants : non seulement, il a une conception maligne de la présentation « didactique », par exemple dans son usage de *Pierrot l'ébouriffé*, mais surtout quand renouant avec la narration par le biais de la technique des télécommunications, il expose des histoires de brigands, de tziganes rusés, de sorcières, des énigmes policières, etc. Est-ce à dire que quand on a fait le deuil de la transmission narrative, et de son essentielle légalité (l'autorité du narrateur qui va mourir), on peut abandonner les histoires édifiantes de la « sagesse orale » et dire enfin la vérité : non pas que le travail acharné enrichît le travailleur, mais révéler les bienfaits de la tromperie, de la ruse, du parasitage, etc. Bref, Benjamin se livre à un déniaisage en règle de ses jeunes auditeurs. Ce qui en fait les frais, c'est la sagesse traditionnelle et son aura.

C'est à rebours la preuve, que malgré les nouvelles conditions de l'expérience, une transmission était possible et nécessaire.

On note en passant qu'A. Naze a eu la sagesse de ne pas prendre la notion d'aura comme une entrée obligée pour sa réflexion, qu'il en a montré la complexité irréductible liée au fait que chez Benjamin toutes les notions essentielles se dédoublent, qu'il en va de même pour la notion de trace à laquelle elle s'oppose. On ajoutera que c'est le cas pour toutes les notions permettant de décrire la temporalité, et que la spatialité n'est pas en reste. Le « plan d'immanence » benjaminien entraîne une topologie qui reste à décrire.

L'autre point de départ, c'est Goethe et sa conception du phénomène originaire dont A. Naze rappelle avec justesse qu'elle informe toute la philosophie de l'histoire de Benjamin, qui est une philosophie des formes culturelles et donc des époques de la sensibilité. Si Benjamin fait éclater le cadre goethéen qui ne s'intéresse qu'à la nature, c'est parce qu'il veut faire entrer la dimension de l'historicité et de l'événementialité, il n'en reste pas moins que partant de la nature, il introduit un terme essentiel qui est celui de la « technique ». Pour Benjamin, la technique accomplit la nature dans un rapport qu'il qualifie d'innervation. Même s'il lui arrive de penser une certaine époque de la technique où la technique s'oppose à l'homme comme une seconde nature (c'est le cas de la guerre), on sait bien que pour lui le cinéma sera cette technique qui permettra une innervation de toutes les techniques qui avaient pu paraître un temps aliénantes. Il y aura donc une foi de Benjamin dans le cinéma et dans la technique en général qui échappe à sa critique du progrès (lequel ne relève que de la philosophie du temps). De ce point de vue, Benjamin n'a pas de liens avec l'esprit technophobe de l'École de Francfort.

Cette amplification de la nature par la technique, peut-être au fond romantique, est la clef de sa conception de la traduction (*La tâche du traducteur*). Cette théorie de la traduction doit être distinguée de sa pratique de la traduction, qui serait indissociable du commentaire, alors que sa conception de la traduction donne toute son importance à la littéralité, si l'on suit ici les brillantes interprétations d'Antoine Berman. Dès lors, l'écriture de transfert de l'étranger dans la langue-hôte ne consiste pas en une sorte de recréation mythique de la langue pré-babélienne, mais en une véritable production dans laquelle on peut voir à l'œuvre sa conception d'un *nouveau* irréductible, en partie, à la mode. On a là une production du Présent qui échappe à la fantasmagorie et qui peut servir de point d'appui à la critique de la fantasmagorie, essentielle au XIXe siècle, mais peut-être aussi à la fantasmagorie originaire qu'il explore dans ses textes sur l'expérience de la drogue.

Il ne semble pas que la notion de fantasmagorie soit un héritage de Marx, tant elle caractérise toute la production littéraire du siècle (Max Milner : *La fantasmagorie*) et en particulier la littérature fantastique (Hoffmann, Poe, etc.).Or comme le montre Max Milner, il n'y a pas de fantasmagorie sans appareils optiques (lunettes, longues vues, etc.). Il convient donc de replacer l'archéologie du XXe à laquelle se livre Benjamin en étudiant les passages et les panoramas du XIXe dans ce cadre. On fera alors du fétichisme de la marchandise au sens de Marx, et donc du thème de la prostitution, l'expression de cette fantasmagorie et non l'inverse qu'on entendrait en termes de causalité.

On dira plus précisément que s'il y a une fantasmagorie originaire, il y en a des époques qui en déterminent le mode. Ces époques sont nécessairement techniques. C'est la raison pour laquelle Benjamin devait faire éclater la philosophie de la nature goethéenne et donner à l'*Urphänomen* une détermination essentiellement technique, c'est-à-dire psycho-optique. C'est le cas de l'association passage-panorama, du musée comme maison du rêve collectif, et finalement de la photographie puis du cinéma.

De quel droit alors comparer Benjamin et Pasolini ? On dira qu'ils furent contemporains, non pas au sens où comme l'écrit Agamben, parce qu'ils eurent affaire à la même opacité de leur temps, mais parce qu'ils partageaient le même rapport aux appareils qui avaient fait époque et qui constituaient le substrat de leur sensibilité (la narration, le cinéma, etc.). Ce qui ne les obligeait pas à donner des réponses identiques.

Les nouveaux barbares

I. Launay[*]

Isabelle Launay développe sa recherche sur trois secteurs : le classique (l'Opéra), le contemporain et post-moderne (Bagouet), les modernes (Wigman, Laban, Gert). Elle ne croit donc pas que les courants esthétiques, ici chorégraphiques, se suivent selon une nécessité idéelle. L'art ne serait donc pas dans l'histoire. Est-ce à dire, comme l'écrivait le dernier Lyotard, que les œuvres se succèdent selon une pente légèrement orientée, indifférentes au temps ?

Comme survivance de formes gestuelles, mais aussi de pathos, ce qui implique que l'on ne se trouve pas seulement sur le plan de l'esthétique, mais aussi de l'anthropologie, ou pour le dire autrement, pas seulement, sur le plan de ce qui reviendrait du fait d'être abrité depuis toujours dans un stock immémorial d'images et de formes gestuelles, mais reviendrait en ayant toujours la force de provoquer les effets de destination onto-cosmétique, identiques à ceux provoqués dans des époques antérieures. Par exemple, dans le monde archaïque du culte, de la magie, du rituel, ce qu'on pourrait résumer, à la suite du texte de Luc de Heusch, avec le terme

---

[*] *Entretenir (à propos d'une danse contemporaine)* avec B. Charmatz, CND, 2002 et *Les carnets Bagouet. La passe d'une œuvre*, 2007.

d'extase : possession, divination, etc (*La transe et ses entours, la sorcellerie, l'amour fou, Saint Jean de la Croix*, 2006)

Le travail sur les modernes, donne la clef : les classiques (avec comme paradigme le Ballet de l'Opéra de Paris) auraient institué, mais en la domestiquant, cette sorte de transmission d'intensités qualitatives, essentiellement fragmentaires, mais en la codifiant, en lui donnant à chaque fois corps. Ce qui oblige un interprète classique, qui incarne si totalement sa danse, de ne pouvoir la transmettre qu'en duo mimétique. Le classique se trouve soumis à une certaine définition de la surface d'inscription, qu'I.Launay nomme à juste titre *tradition orale*, en reprenant les analyses de Zumthor (*Introduction à la poésie orale*, 1983). Le paradoxe contenu dans le terme "surface d'inscription" pour caractériser la tradition orale est levé en se référant à Laban pour qui toute tradition gestuelle collective et ethnique suppose un programme culturel inconscient, qui, comme tout programme est écrit et donc peut être retranscrit indéfiniment.

I. Launay en montrant la « production en boucle » du classique, à savoir que les chorégraphes produisent pour des amateurs qu'ils connaissent, ces amateurs sachant ce qu'ils aiment voir répéter et le faisant savoir, décrit ce que Rancière subsume sous le titre de régime représentatif des arts. Ce qui suppose un corps de métier de type artisanal et familial hiérarchisé, des rôles et des genres adaptés et des effets sur le public connus d'avance. Bref, un monde purement académique, comme avait pu l'être dès le XVIIème l'Académie royale des beaux arts pour la peinture. La danse, parce que c'est un art de la mise en scène, de l'être-ensemble, aurait seulement quelque retard sur l'esthétisation des autres arts (toujours au sens de Rancière). Mais comme cette institution de l'art par l'Opéra a été tout sauf stérile, en France comme en Russie, et l'analyse des multiples variations d'un même ballet comme le classique Giselle est là pour le prouver, il serait plus juste de parler d'*appareil esthétique* que de dispositif comme le fait Judith Schlanger (*La mémoire des œuvres*, 1992). Parce qu'on n'a jamais vu un dispositif produire quoi que ce soit comme création nouvelle, ce qui, au contraire, caractérise un appareil esthétique. Le ballet classique a donc été un appareil en bonne et due forme, comme le concert public l'a été dès le XVIIIème siècle pour la musique symphonique[1], ce qui explique sa résistance à la modernité. Et sa vitalité. Comme cet appareil se caractérise par son rapport vital à la tradition orale comme mode de la surface d'inscription, ce qui aboutit ce faisant à toute une mythologie de la continuité de la transmission à travers les temps et même au fantasme

---

[1] David Ledent soutient la thèse de sociologie suivante, à paraître : « Au cours des XVIIème et XVIIIème siècles, nous assistons à un changement profond des habitudes et des sensibilités dans le domaine musical. Une modernité musicale se met progressivement en place autour de trois révolutions majeures : celle de l'écriture musicale, celle de l'écoute musicale et celle de l'esthétique musicale. Ces trois révolutions sont appréhendées à la lumière d'un processus de rationalisation (Max Weber) et d'un processus de civilisation (Norbert Elias), ce qui permet d'articuler analyse sociologique et historique des fondements sociaux et symboliques de la « forme symphonique ». Avec la construction lente et progressive d'une nouvelle grammaire musicale, c'est-à-dire d'une nouvelle formulation des modalités de l'expérience musicale, s'imposent un nouveau régime de création musicale ainsi qu'un nouveau mode d'exposition des œuvres musicales. Les sujets de l'expérience musicale, face à des œuvres toujours inachevées, donc face à des dispositifs toujours renouvelés, peuvent dans cette modernité musicale partager leur écoute. Pour comprendre cette modernité musicale, il faut l'inscrire dans le développement de deux matrices ambivalentes, un imaginaire démocratique (idéalisation de l'égalité) et un imaginaire romantique (idéalisation d'un sujet transcendant). En formulant un nouvel usage et une nouvelle fonction de l'œuvre musicale, la forme symphonique traduit sur un mode esthétique l'une des ambivalences fondamentales de la modernité. » Cette thèse a été publiée avec comme titre : « La révolution symbolique. L'invention d'une modernité musicale ». Préface de P. Szendy, 2009.

d'un corps dansant contemporain qui serait la réincarnation de toute une lignée artistique, il va de soi, que l'irruption d'un tout autre mode de la surface d'inscription ne pouvait que produire la proclamation de la *tabula rasa.* Que ce soit à cause de la première Guerre mondiale comme catastrophe majeure (Wigman), à cause de l'industrialisation des corps (Laban) ou de l'irruption de l'appareil cinématographique (Gert).

I. Launay a raison ici de rapprocher la production chorégraphique « moderne » du fameux texte de Benjamin : *Expérience et pauvreté* qui date de 1933 et qui, d'une manière qui frise le scandale, se termine par un appel aux barbares. On y retrouve les thèmes de la nécessité, du fait de l'effondrement du récit, de l'incapacité de mettre en mots ou en formes l'expérience historique, et donc de repartir de Soi, pour ceux qui n'ont Rien, etc. Sans craindre le paradoxe, Benjamin cite quelques auteurs qui effectuèrent aussi en leur temps le geste de balayage de la surface d'inscription : Descartes, Loos, Le Corbusier, Klee. Ce qui consiste, contradictoirement, à cerner une « tradition des modernes » au sens d'H.Rosenberg. On ne peut pas en effet proclamer une radicale discontinuité et donc une sorte d'achèvement des temps et à partir de là une vérité définitive de la culture et rechercher des ancêtres. On sait que le geste équivalent en architecture va consister à vouloir ériger en principe les surfaces vides et blanches, en renouant ainsi, sans l'avoir voulu peut-être, avec une architecture méditerranéenne archaïque (celle d'Ibiza pour Benjamin).

On peut penser, que dans des registres différents, Wigman, Laban et Gert ont fait l'expérience de la perte des repères symboliques qui structuraient anthropologiquement les sociétés pré-modernes, rurales par exemple pour Laban, et que l'épreuve de la désorientation a été telle, c'est-à-dire celle de l'inconsistance du sens, pour qu'à des titres différents, pour eux-mêmes déjà, puis pour le public, ils aient voulu, redevenir l'unique foyer du sens et qu'alors l'expérience auto-centrée et auto-affective de l'extase ait pu surgir comme seule réponse existentielle possible.

Le totalitarisme politique sera à la même époque une tentative identique de réponse pour la collectivité désorientée.

Il était alors inévitable que la réponse posée par la nécessité de la transmission trouve des solutions hétéroclites : de son impossibilité chez Wigman, en passant par la transcription de la forme gestuelle et donc par l'invention d'une écriture permettant l'objectivation chez Laban, jusqu'au cinéma chez Gert. Les pages consacrées par I.Launay à l'appareillage cinématographique des créations de Gert sont remarquables. Si quelque chose comme une communauté fusionnelle, qu'il faudra appeler plutôt cosmétique au sens fort plutôt qu'esthétique, surgit de l'extase comme foyer de la légitimité, c'est sur le mode de l'incorporation médusante et fascinante, à la différence de la tradition orale qui se donne de vrais ancêtres dans une généalogie. Pour le mode cultuel et traditionnel, la communication se pense en termes de destination, dès lors, l'apprenti est toujours le destinataire d'une action dont on lui fait don. Au contraire, l'extase de la danseuse la conduit au bord du sacrifice de soi, dans un geste irrépétable, exhibé une unique fois. C'est tout naturellement que le terme d'*aura* vient sous la plume d'I.Launay à propos d'Isadora Duncan. Se configure donc une modernité bien paradoxale, sans œuvres, où les enjeux communautaires sont essentiels, à rebours du monde du musée auquel appartient par bien des côtés l'appareil de l'Opéra. I.Launay : « Si l'œuvre ne peut constituer un objet stabilisé, et n'a de sens qu'à être expérimentée et non interprétée, dans une tension entre pouvoir chorégraphique et pouvoir exécutif, elle est effectivement un *Tanzdrama*, un drame dansé, le drame de l'œuvre aux prises avec les pouvoirs de la corporéité qui la consume en s'y consumant. « Sans extase, pas de danse ! Sans forme pas de danse » (*Composition, The Mary Wigman book*, p.85). » Cette « modernité » artistique fait problème au regard de la « modernité » politique qui est démocratique, au sens où le foyer du sens est insituable et certainement pas logeable dans une expérience de la violente sortie de soi.

Structurellement, l'œuvre de Bagouet se trouvait dans une tout autre situation par rapport à ses interprètes et comme la ruine qu'I.Launay évoque à partir de Riegl, il n'y a plus par rapport à cet « héritage », que des politiques incompatibles de patrimonialisation (au bon sens du terme), ce que Riegl nomme des « valeurs » de culte des monuments (valeurs de contemporanéité, d'histoire, de remémoration). L'analyse qu'elle fait des *Carnets Bagouet* à partir de la problématique de Riegl est excellente, ce qui nous oblige à qualifier les *Carnets Bagouet* de post-moderne avant les modernes, ce qui n'aurait pas déplu à Lyotard.

Si l'on distingue bien support et surface d'inscription (au sens où le corps est un support pour la tradition académique, comme l'est le papier pour l'écriture des gestes chez Laban, etc.), on conçoit la fulgurante rupture surgie du fait des « modernes » en termes de recherche d'un nouveau foyer de la légitimité (le corps extatique) du fait de l'effondrement des repères symboliques structurant jusqu'alors l'être ensemble. Il est évident, que bien plus que toutes les catastrophes historiques et politiques, on a changé d'ère de la surface d'inscription. L'humanité, en ce qui concerne les catastrophes, en avait vu d'autres, au contraire, les révolutions de la surface d'inscription ne sont pas si fréquentes. Le Christianisme en est une par exemple, sans quoi on ne comprend pas toute l'importance du motif de l'incarnation ou de l'incorporation. Je ferai l'hypothèse que ce n'est pas tant l'effondrement du monde classique de la tradition orale qui constitue la toile de fond de l'irruption moderne, mais celui de l'incarnation. C'est ce mode qui donnait les bornes de l'intelligible et même du sensible, qui discriminait socialement parfaitement les rôles sexuels par exemple. Or l'expressionnisme allemand, s'il est bien un enfant de la catastrophe politique et militaire, s'il a bien perçu que les anciens repères symboliques étaient définitivement ruinés, si ses chorégraphes se sont considérés comme des survivants à partir desquels tout pouvait recommencer, l'expressionnisme donc entretient un fantasme du corps foyer du sens, même si ce sens est conçu dans la dépossession de soi. Il faudrait distinguer deux courants, ce qui est vrai en général pour l'expressionnisme selon une ligne de partage qui est celle de l'extériorisation des traces sur un support. Soit cette extériorisation n'est pas possible, il n'y aura pas de support pour les traces de l'acte dansé, mais une incorporation dans ce qui doit devenir une communauté de destination. C'est le cas de Wigman. Ce mouvement artistique n'est pas alors « moderne », mais « ultra-moderne » pour reprendre un vocable qu'utilise Benjamin pour signifier la monstrueuse alliance de l'archaïque et des techniques les plus récentes, car il reconfigure de l'incarnation. Et, comme on le sait, un corps pour s'unifier doit avoir une tête, ce que Lefort, à propos de Staline, Hitler ou Mao, appelle l'egocrate. Soit au contraire, l'extériorisation est possible, rendant possible une écriture, la transmission de ce qui est ainsi objectivé ne transforme pas le public en otage, c'est le cas de Laban, ou encore, toute la production chorégraphique est appareillable par le cinéma : c'est le cas de Gert qui était admirée par Eisenstein et par Brecht.

Le critère politique et esthétique est celui de l'acceptation de la technique rendue possible par l'extériorisation. C'est la raison pour laquelle, tout tourne autour de la définition de la mémoire. C'est un enjeu platonicien que rappelle un court récit de Blanchot : *La Bête de Lascaux*. Si la mémoire est affaire d'anamnèse, alors il faut croire aux vérités éternelles comme le fait Badiou ou aux fantômes comme les disciples de Warburg. Si la mémoire est affaire d'extériorisation et d'amplification sur un support, alors tout est affaire de prothèses et d'appareils. Ce peut être le partage établi par Benjamin entre esthétisation de la politique et politique de l'esthétique.

Certes, comme on peut le voir sur la scène contemporaine, notre expérience la plus commune est une expérience de l'absence de bords à l'expression artistique en général, laquelle ne connaît dès lors ni limites ni achèvement. Cela va plus loin que la seule monstration d'une beauté prosaïque, voire démocratique, dans une pièce comme *Déroutes* de M.Monnier. Il devient très difficile de repérer des appareils qui seraient encore à l'œuvre, ou alors, il faudrait s'attacher à chaque œuvre en particulier. Il est alors, extrêmement tentant d'évoquer la dimension de l'anachronisme chère aux analyses de Warburg et Didi Huberman, aux flux inconstants et improbables de formes et d'images à travers toutes les strates historiques de la production artistique. A cela je ferai deux objections (je tenterai de résister aux fantômes de deux manières).

1) D'une part, les analyses de clôture d'un véritable inconscient culturel transhistorique où tout semble pouvoir être brassé, nous placent toujours sous la primauté du passé, que ce passé ait été vécu ou non, qu'il soit individuel ou psycho-social (la horde sauvage selon Freud), qu'il revienne à

travers du filtre de quelque chose qui nécessairement ressemble au *travail du rêve* freudien, et l'on se retrouve abrité par une forme améliorée de la psychanalyse appliquée. Ce qui est rassurant parce qu'on retrouve un appareil. Car chez Freud le psychisme est bien un appareil qu'il décrit selon trois modèles, dont la photographie. Donc, le *la* de ce qui n'est plus une histoire de la danse, est-il donné par un dernier appareillage : la psychanalyse et sa conception complexe de la temporalité ?

2) Mais alors, et cela me semble plus fondamental, si la danse en général et la danse contemporaine en particulier, ne cessent pas d'être sous la juridiction des fantômes, certes, il s'agit d'un accueil authentique du passé, probablement pour la première fois. Mais ce que l'on accorde à l'immémorial, on le refuse à l'effectivité de l'expérience de ce temps : cet incroyable défi qu'on nous oppose : l'expérience de l'indétermination des repères symboliques. Peut-être finalement, c'est cette terrible expérience qui rend si proche le fantômal, mais ce n'est là qu'un matériau parmi d'autres. Ce qui me semble crucial, pour nous, c'est que l'humanité se confronte à une situation absolument inédite où toutes les certitudes sont remises en cause. Or, comme la danse est la forme d'expression qui engage le plus les formes à venir de l'être-ensemble, comme on l'a bien vu dans les années 20 et 30, on a là actuellement un laboratoire prodigieux pour des propositions qui ne seront pas toutes virtuelles.

L'imminence du geste dansé

V. Fabbri[*]

Paradoxalement ce livre portant sur la philosophie, la danse, l'architecture, n'est pas un ouvrage d'esthétique. On pourrait même dire que c'est un ouvrage d'anti-esthétique. Parce que les principales démarches de l'esthétique (la dialectique dans ses différentes moutures), l'objet traditionnel de l'esthétique, l'œuvre, ou plutôt l'œuvré, sont récusés, tout autant que la production poïétique (Valéry). D'entrée de jeu, avec la distinction kantienne entre la construction et l'architectonique de la raison, on se situerait davantage du côté d'une épistémologie doublée d'une logique. C'est dire que la question du langage dans son rapport aux œuvres tient la place essentielle. L'apport de Fabbri est immédiat : avoir commenté les textes de jeunesse de Benjamin sur la philosophie de la connaissance, textes édités dans la première partie des *Fragments*. On y découvre un Benjamin faisant la critique de Russell et de son paradoxe, ce qui devrait faire réfléchir ceux qui arriment constamment Benjamin à la théologie du messianisme, voire au mysticisme. C'est toute une réorientation de l'interprétation de l'œuvre hyper-complexe de Benjamin qui est proposée là. Si la grande affaire, c'est de

* *Danse et philosophie. Une pensée en construction*, 2007.

distinguer : désignation (référence) d'un côté et jugement d'attribution ou d'inclusion (logique) de l'autre côté, alors la place du nom devient tout autre entre le sensible désigné et le logos. Si le nom est extrait de la sphère adamique, c'est-à-dire conçu en dehors du texte de Benjamin sur le *Langage en général et le langage humain en particulier*, il peut être articulé à l'acte et précisément au geste, sans retomber dans une sorte de cratylisme qui ferait de l'onomatopée son origine ou dans une sorte de théologie qui en ferait une matrice des choses. Le nom se retrouve donc du côté de la construction. Du côté de ce qui va pouvoir être, au titre du langage, articulé dans et par l'œuvre, en architecture, en danse.

Je le répète, malgré la tradition interprétative, Benjamin n'est pas un irrationaliste. Ce n'est que parce que dans un premier temps il a donné toute sa place à la logique (Russell, Carnap) qu'il a pu ouvrir la voie d'analyses ultérieures comme celles d'un Kripke par exemple (*Logique des noms*) qui fera du nom propre un désignateur rigide. Cela étant posé, la grande affaire de Benjamin et de Fabbri à sa suite, n'est pas d'établir une philosophie de la connaissance, encore moins une pensée du transcendantal, mais une pensée de l'expérience en tant qu'elle est construite, c'est-à-dire appareillée historiquement. Il faut entendre justement les deux termes : l'expérience est toujours appareillée techniquement parce que la sensibilité commune l'est dans un premier temps. Mais refusant tout structuralisme ou tout époqualisme, Fabbri, là encore d'une manière très benjaminienne, rappelle l'essentielle historicité de la connaissance, laquelle donne lieu, dans l'écriture de l'histoire en général et de l'histoire de l'art en particulier, à ce que Didi-Huberman appelle *anachronismes*. L'historisme positiviste est condamné parce que les images les plus contemporaines éveillent comme malgré elles un double ou un écho : la trace d'un passé ininscrit. Traces qui les dédoublent en les précédant dans notre imaginaire ou en leur succédant directement. Les images s'entretiennent toujours d'une division spéciale que Benjamin nomme « dialectique ». Les images sont dialectiques, même quand les positivistes font tout pour l'ignorer, mais l'ignorant, le passé non assumé revient toujours comme ultramodernité, comme kitsch.

La référence au rythme et à la signifiance analysés par Meschonnic permet à Fabbri d'ouvrir le champ à un sens qui se surajoute à la signification logique, grammaticale, sémantique d'un énoncé. Cette dimension est celle du corps oralisant un texte ou d'un œuvré conjoignant signification et expressivité, à condition de rompre avec la suprématie définitivement accordée par Benveniste-Meschonnic au langage articulé, ultime raison des langues artistiques.

On le voit donc, que ce soit en se référant à la théorie du rythme ou à celle des appareils, l'enjeu pour elle est de ne pas s'enfermer dans la systématicité des signes, ce que Lyotard appelait « bloc d'écriture », qui rendrait impossible l'essentielle historicité du mot, de l'image, du geste. Il en va de même pour l'espace qui ne saurait être donné a priori comme représentation de l'espace précédant la construction perspectiviste de la scène artistique, elle-même précédant la performance artistique et son contenu narratif. D'une certaine manière, c'est la mobilisation des « barbares » du texte si fameux et si paradoxal de Benjamin : *Expérience et pauvreté*, qui règle la question de l'espace. Avec Fabbri, les philosophies sont toujours à l'épreuve de l'expérience collective, c'est-à-dire historique. J'en veux pour preuve les analyses si fameuses de Deleuze sur le cinéma et la danse. Après avoir montré l'inconsistance du quasi dogme pour l'actuelle critique en danse de la notion de Corps Sans Organes deleuzien, en mobilisant pour ce faire Artaud lui-même contre les zélateurs du COS, après avoir rappelé ce qu'est une image pour Deleuze à la suite de Bergson, à savoir non un reflet, mais le produit d'une effectuation de type mathématique, après avoir mobilisé « plan d'immanence », « plan de consistance » et rhizomes, après avoir noté que si la danse et l'architecture ont un commun, c'est dans la conception deleuzienne du cadre qui déterritorialise le plan, ce cadre pouvant donc être aussi bien vertical qu'horizontal, que Fabbri s'attache à montrer le peu de consistance du « cristal de temps » cher à *L'image temps* de Deleuze. C'est un travail salutaire parce que le deleuzisme aujourd'hui ne s'encombre pas de critiques du maître et que les images les plus indécises de Deleuze sont immédiatement transformées en quasi-concepts. Après le COS, on pourrait en dire autant de la *viande* du texte sur Bacon. Or si, comme elle le fait, on reprend dorénavant la description des effets de ce fameux cristal dans l'ordre du temps, on s'aperçoit que Deleuze semblant oublier l'importance du cristal dans la philosophie de la nature de son maître Simondon (où le cristal s'entend à l'intérieur d'un processus d'individuation du minéral, en un moment de sursaturation de ce dernier, car Deleuze confond la diffraction avec des effets de transparence et de réflexion). Alors qu'on peut l'attribuer tout simplement à une technique d'exposition de la marchandise dans les passages parisiens décrits par Benjamin. C'est encore le recours à l'expérience historique et d'une certaine manière au contexte des textes philosophiques, ce crime de lèse majesté, qui permet de redonner leur importance à de simples appareils et à une expérience historiquement déterminée, comme celle du flâneur. On pourrait d'ailleurs, d'une manière plus massive, remettre en cause les raisons invoquées du partage deleuzien entre « Image mouvement » et « Image temps ». Car pour justifier ces deux régimes du cinéma, leur succession et leur hétérogénéité, Deleuze ne craint pas, lui le vitaliste essentiellement naturaliste, d'invoquer les effets de la Seconde Guerre mondiale !

C'est Valéry qui permettra d'analyser avec beaucoup de rigueur la temporalité spécifique de la danse, toujours dans la confrontation avec l'architecture. Toujours sur un fond de dialectique de la construction/destruction, qui deviendra à la fin du texte, déconstruction, en n'oubliant pas que l'espace de la présentation est généré par l'expérience et donc par l'acte du danseur. Cette analyse est le point d'orgue d'une ontologie du singulier. Cette dernière n'est pas un nominalisme, sinon les niveaux de la connaissance distingués à partir de Russell seraient à nouveau confondus. Le nom ne peut être à la fois un désignateur rigide, une sorte de déictique, une signification et un concept. La singularité visée est celle d'un geste ou d'une posture respectant la fragmentation de l'expérience collective. C'est dire qu'il n'a pas en lui cette consistance interne qui en ferait une chose. Il ne relève pas du discontinuisme radical de Descartes, de son instantanéisme. Il est certes inachevé, mais provenant de quelque part et annonçant autre chose : son horizon, c'est la durée continue d'une flânerie connaissant des hauts et des bas, des intensités. Comment concilier discontinuité et continuité ? Comment restituer une construction de l'expérience, c'est-à-dire une réelle articulation des gestes, sans tomber dans l'écriture (auquel cas la danse pourrait se transcrire aisément, ce qui n'est pas le cas malgré les dispositifs d'enregistrement les plus fidèles) ? L'acte singulier qui est visé s'arrête toujours au bord de lui-même, c'est-à-dire de son actualisation. Reste quelque chose comme de la potentialité (*potentia*) qui ne s'accomplit pas totalement en *énergeia*. Bien que le cadre de l'analyse du mouvement dansé soit plus aristotélicien que cartésien, plus analytique que quantitatif, plus antique que moderne, il y a une dimension nouvelle sans laquelle cette temporalité ne s'appellerait pas : temporalité de l'imminence. C'est que le geste dansé se présente comme une question : c'est *un quod ?* un : *qu'arrive-t-il ?* Ce qui implique qu'il apparaît disparaissant : il comporte à la fois un univers, une articulation qu'on peut décrire après l'avoir fixée, et en même temps, une face cachée, un *Léthé*. C'est cette division interne qui rend l'enchaînement sur lui par un autre acte dansé, à la fois improbable et nécessaire. D'un côté, il faut enchaîner sur la question qu'il est et de l'autre, il n'y a pas de loi pour enchaîner puisqu'on n'est plus dans le monde du ballet classique et de ses écritures, ni dans celui, moderne, de la narration. Le geste dansé a donc bien comme temporalité l'imminence qui n'est pas la suspension muséale. Je ne suis pas sûr qu'ici il faille faire intervenir la notion de décision, comme si le danseur ou le chorégraphe prenait la décision d'enchaîner de telle ou telle manière. Introduire la décision, c'est permettre le retour de la subjectivité avec tous les embarras romantiques qu'elle va poser. Pourquoi, à l'inverse, ne pas suggérer que comme la séquence cinématographique pose au spectateur la question de celle qui viendra ensuite, et que c'est là le réel plaisir pris au cinéma qui ne soit pas projectif et donc psychologique, pourquoi ne pas suggérer, rompant radicalement avec tout subjectivisme, que c'est le plan séquence ou le geste dansé qui déterminent leur danseur et leur spectateur sans pour autant en faire des sujets ? Rigoureusement parlant, une ontologie du singulier rendant compte aussi bien du cinéma que de la danse ne connaît que des destinataires à qui se pose constamment la question du : *comment enchaîner ?* Pour conclure, si l'analyse de Fabbri est aujourd'hui possible, n'est ce point parce que l'appareil cinématographique constitue la dorsale de la sensibilité commune depuis plus d'un siècle ?

La commande

*P. D. Huyghe**

La question centrale, le fil continu du travail de recherche de P-D Huyghe, ce n'est pas tant qu'est-ce que l'art ?, où y a-t-il de l'art ?, quand y a-t-il art ? mais : pourquoi faut-il de l'art ? Et comme il est aussi artiste : que peindre à l'ère des techniques de reproduction comme la photo ? Le territoire de la problématique de P.H. Huyghe se situe en fait plus du côté de Heidegger, même s'il le critique, que de Benjamin, qu'il revendique pourtant. C'est un Heidegger plus anthropologique qu'ontologique, plus arendtien en fait, même si la part du politique est minimisée. L'auteur veut dégager, à partir des analyses sur l'espace dans *Être et Temps* un certain mode de l'être au monde qu'on appellera accueil sensible de l'événement.

Il s'agit aussi bien pour la singularité (l'existence) de l'expérience fondamentale de l'angoisse, terme qui peut servir à désigner ce qui défait la subjectivité quelconque. C'est pour elle le surgissement du réel, c'est-à-dire de ce que le langage ne peut relever : le sensible en tant qu'il échappe au discursif, au logos, à la synthèse. Il s'agit donc de donner une certaine durabilité à ce qui, selon la philosophie classique de

---

* *Art et industrie. Philosophie du Bauhaus*, 1999.

l'esprit, comme chez Hegel, n'a pas en soi la faculté d'être ou de consister. Les analyses les plus stratégiques de la recherche portent alors sur la certitude sensible et en particulier sur l'emploi des déictiques comme ici ou maintenant. Si ces mots vides qui disent la présence sensible n'ont de consistance que langagière (selon la linguistique) ou si le sensible n'aspire qu'à sa relève par le langage (Hegel), alors il n'y aura pas de rencontre ou d'événement possible. Sinon évidemment celle de ce qui est programmé, utile à..., bon pour..., etc. C'est-à-dire ce qui est finalisé par un concept, et donc être du logos. C'est le cas de ces étants qui se trouvent sous la main, à disposition, bref de ce qui relève de l'usage et de la technique. Mais pour qu'il y ait événement dans ce sens non langagier, du persistant irréductible au langage, encore faut-il que ce qui arrive le fasse avec sa mémoire. Bref qu'il y ait de la trace. C'est-à-dire une inscription. Et ajouterons-nous, un support défini par une surface d'inscription. On pourrait appeler cela écriture (Lyotard : *Discours, figure*), Huyghe préfère photographie parce qu'il s'intéresse à l'image, à l'imago. Est-ce à dire qu'il y a chez lui, en sous-main, une théorie (antique) du simulacre parce que le sensible, en se dédoublant vers nous, persiste et fait trace ? Il y aurait quelque chose de l'ordre du photographique dans notre rapport le plus initial au monde. Donc de la technique. Du besoin, de la passion ou de l'idée dans le langage de Rousseau. Une interrogation préalable ici : est-ce qu'on peut greffer ce proto-appareillage sur la seule théorie des besoins et des passions que l'on trouve chez Rousseau, même en tenant compte de leur historicité et de la perfectibilité de l'espèce humaine, Rousseau même relu à partir de Leroi-Gourhan et de B. Stiegler ? Peut-on répondre à la question : pourquoi faut-il l'art ? par une anthropologie philosophique de l'existence humaine comme manque de substance, ou de la communauté humaine comme manque de communauté ? Il me semble important de faire intervenir une distinction. Si l'artiste est plus qu'un artisan ou un designer, c'est qu'il ne répond pas (seulement) à la commande d'une Loi qui lui dirait que faire (cas de la valeur cultuelle de l'art au sens de Benjamin, pour un art de destination, théologique, politique, rhétorique, académique, d'"avant-garde", etc.). C'est au contraire (ou en sus) que l'artiste répond à l'exigence de la Chose, laquelle ne lui demande rien de précis. La Chose est plutôt un destinataire exigeant et indéterminé. Il est évident dans l'histoire de la culture que les artistes ont souvent eu à répondre aux deux exigences à la fois. Ce qui n'allait pas sans conflits. Mais s'il n'y avait pas eu cette seconde exigence, l'art du passé n'intéresserait que l'histoire de la culture. Si, aujourd'hui encore, je peux être touché par une œuvre du passé, c'est bien qu'elle répondait à une exigence indéterminée historiquement. On voit bien ici que ce qui fonde la légitimité de la recherche esthétique, ce n'est pas un essentialisme mais un transcendantalisme.

P.D. Huyghe répond donc à la question par une problématique de l'appareil, ce qui nous entraîne dans des distinctions très importantes, car l'appareil, outre son côté prise sur..., dispositif de saisie, c'est aussi l'apparat, la cosmétique comme art d'organiser le chaos et donc d'embellir par l'ordre, le cosmos.

Il me semble que l'auteur ici distingue deux grandes analyses de l'appareil. D'une part, ce à quoi on est le plus accoutumé depuis Heidegger et Flusser, l'insistance sur l'automaticité des appareils du fait de leur programmation. Ce qu'il désigne par le terme d'industrie (et qu'on retrouve chez Adorno : industrie culturelle). Ce sont ces appareils, véritables supports d'inscription de l'événement artistique, qui vont déterminer l'histoire de la culture, en découpant des époques de la production comme de la réception. Comme ces appareils – comme la perspective depuis la Renaissance, par exemple – non seulement enregistrent, stockent et communiquent de l'information, ils prédéterminent aussi ce qui peut être enregistré ou pas. C'est toute la problématique abordée par P.D. Huyghe sur les rapports entre photographie et peinture au XIX^ème^siècle (Baudelaire), entre design et dessin d'art dans le cadre du Bauhaus, et finalement entre industrie culturelle et art. Ce serait pour lui un certain usage de la technique qui serait en jeu, puisque l'art est essentiellement *tecknè*. Mais, dans un certain rapport à la technique qui apparaît au XVIIIème avec l'industrie, la production (*poien*) de l'objet est sans effet de retour sur le producteur, dans l'autre cas, artistique, l'action artistique (*praxis*) modifie l'agissant. On opposera donc d'un côté l'automaticité des appareils, comme le plan d'intersection des rayons lumineux de la perspective (Alberti : *Della Pictura*) ou le photographique, qu'il suffit d'alimenter en informations en amont (*in put*), pour, sans nécessairement comprendre quoi que ce soit à leur fonctionnement, utiliser poïétiquement leur production en aval (*out put*). Et de l'autre, et là est la véritable originalité de P.D. Huyghe, une technicité exploratoire d'elle-même, artistique au sens le plus fort, s'inventant pour chaque œuvre, comme elle réquisitionne ses matériaux indissociables de l'œuvre singulière. On peut donc opposer l'automaticité des images programmées par l'appareil perspectif, photographique ou par l'ordinateur à la tactilité des images ouvrées par l'artiste. On opposerait aussi le jeu avec les appareils du fait de la simplification de leur emploi avec l'apprentissage d'un outil dans l'acte du travail, qui est bien encore une épreuve du négatif (W. Benjamin).

La question essentielle sera alors de savoir si l'industrialisation du geste technique, donc la disparition de la tactilité, empêche définitivement l'artiste de répondre à l'exigence de la Chose. Ce qui signifierait qu'il n'y aurait de production artistique que du fait de l'activité de la main. Ou, au contraire, est-ce qu'on peut répondre à l'exigence de la Chose avec des appareils, et déjà avec l'un des plus simples d'entre eux, le photographique qui exclut toute tactilité ? On voit que ce qui se joue a aussi une immense portée politique : l'industrie, et déjà l'industrie culturelle, aurait l'intérêt de lever le scandale de l'exigence de la Chose, de son altérité, et donc par l'inclusion définitive de l'art, de clore définitivement le cercle de l'immanence. Même si l'on ne réduit pas le tactile au seul usage de la main (du geste), mais qu'on l'élargit au corps percevant au sens de la phénoménologie, est-ce qu'en mettant trop l'accent sur la tactilité, on ne s'interdit pas de penser des domaines artistiques entiers comme la musique ? Or la musique permet de "réconcilier" le corps et l'instrument, car l'exercice de sa voix par le chanteur consiste bien en une instrumentalisation (cf. Bartock).

On sait que pour Benjamin (*L'œuvre d'art à l'époque de sa reproductibilité technique*), ce sont ces appareils qui déterminent les époques de la perception. S'il y a des époques, est-ce qu'on va pouvoir échapper au relativisme général des manières de faire des mondes de Goodman ? Car sinon comment comparer des époques différentes de l'art ? P.D. Huyghe répond fortement au risque relativiste par cette apparente alternative : soit les techniques qui appareillent la sensibilité ne le font qu'à partir d'un même fond commun originaire de perçu/percevant (le tactile), soit un de ces appareils, le photographique pour P.D. Huyghe, est le secret de tous les autres. On aurait affaire à un photographisme, comme le faisait remarquer Bergson à propos de la conception cartésienne du temps. On a là en fait, le modèle duel pour penser la condition de possibilité de tout art et au fond de toute technique, ou plutôt la technicité de la technique comme forme essentielle de l'être au monde comme "être au fait". On comprend aussi que la rencontre disruptive dont il a été question (l'œuvre dessaisissant la subjectivité habituée) – et qui permet de penser l'art dans son essence technique improgrammée – ne pourra être que sur le mode de la trace photographique et donc que ce sera, d'une certaine manière, toujours celle d'un disparu. L'art ainsi entendu devra être considéré au plus profond comme art du disparaître.

Pour poursuivre le propos de P.D. Huyghe, cet appareillage faut-il le dire originaire comme chez Benjamin par exemple, où la photographie, puis le cinéma, non seulement font accéder à l'inconscient de la vue, mais bien plus font découvrir ce qui n'avait jamais été vu ? C'est-à-dire la nature ? La forçant à comparaître, ce qui serait impossible sans eux ? Et en cela, ces appareils sont bien des artifices, des automates, il est vrai, mais spéciaux (ni des outils, ni des machines), car en rapport direct avec le vrai. Au sens où ils légifèrent à propos de la comparution du vrai (la nature). Ce sont des modes juridiques de l'apparaître. Des manières de se nouer à la Loi, d'y répondre et donc de faire monde et époque, pas seulement pour l'art et la culture, mais pour le savoir aussi bien, la politique, etc. On retrouvera donc toujours dans leur mode d'être un certain alliage du jeu (un photographe joue essentiellement avec l'automaticité de son appareil) et de la *mimésis*. Ce mimétisme secondaire des appareils (à chaque fois différent selon le type de dispositif) suppose un mimétisme originaire, rendu possible par un rapport qu'on dira archaïque du corps avec la Loi. Une esthétique de l'appareil devrait donc articuler deux termes : le corps, la Loi. Ou par complexification : le corps, la nature ; la Loi, la Chose.

On veut suggérer par là que la tentative d'ouvrir une distinction essentielle pour l'être au monde, entre *poïen* et *praxis*, entre donc une production finalisée, et déjà par la rhétorique classique, et une action irréversible et aux résultats imprévisibles, ne peut répondre à la question pourquoi l'art ? qu'en s'affrontant à la présence d'une exigence (demande, obligation, destination, etc.). Car il y va nécessairement d'une obligation, qui n'est pas seulement éthique ou politique (la loi ou l'être-ensemble), qui exige une réponse, un passage au fait, dont on ne voit pas comment on les enracinerait dans un simple manque (défaut, handicap, cf. B. Stiegler : *La faute d'Epiméthée*) ?

P.D. Huyghe défend la légitimité d'un art "privé", ne se souciant pas de l'exposition publique, et donc du jugement universel qui la suppose. N'est-ce pas reconnaître qu'au fond l'art n'a pas de rapport avec le vrai, avec la comparution de la Nature ? On aurait alors ce paradoxe, du côté du geste plastique technique d'une ouverture ontologique (la singularité s'ouvrant par le faire à l'être), alors que de l'autre côté, la production effective de cette singularité, l'œuvre, elle, n'aurait rien de nécessaire, puisque l'artiste pourrait ne pas répondre à l'exigence de l'exposition publique. La dimension essentielle de la *praxis* artistique serait finalement perdue par un défaut de comparution de l'œuvre. Or, l'existence a bien été au préalable définie comme ex-position. C'est, à mon avis, le symptôme d'un enfermement dans une anthropologie rousseauiste qui, comme toute anthropologie ne peut pas faire la distinction entre l'ordre du fait, du réel, avec l'ordre du droit, de la valeur, du sens. D'ailleurs n'y a-t-il pas du Rousseau dans toutes les diatribes contre l'art institué (cf. de Quatremère de Quincy à Dubuffet...) ?

On a écrit que si la loi dit ce qu'il faut faire (la finalité, la finition), la Chose ne le dit pas et pourtant qu'elle pousse à le faire. Et si la loi s'adresse à tous, est-ce encore le cas de l'art ? Faudra-t-il, à la suite de Beuys proclamer : tous artistes ! (même dans l'intimité !) ? Ce qui reviendrait à transformer la passion pour la Chose en une loi déterminée politiquement. Pourtant, il y a là la justification la plus éclatante de l'exposition et des institutions de l'art (déjà le Musée). En effet si cette Chose est totalement indéterminée, elle pousse à faire voir ce qui a été produit à de l'indéterminé : ce qu'on appelle le public, qui n'est surtout pas une communauté. D'où la nécessité de l'exposition universelle et donc du Musée, un jour ou l'autre, par l'homme quelconque, l'artiste ou ses descendants. Il y a une nécessité de l'exposition, nécessité qu'on ne retrouve pas dans les notions d'activation ou d'implémentation chères à Goodman. Bien sûr le pragmatiste préférera qu'une œuvre fonctionne (par son exposition afin d'avoir un public) plutôt que de la savoir coffrée ! Il y a quand même dans ce souhait utilitariste une remarque de bon sens.

On voit bien l'originalité de la recherche : mettre l'accent sur la technique sans moyen qu'est tout art, d'où le sous-titre *De la facture* du premier livre de Huyghe : *Le devenir peinture*. Facture qui surprend l'artiste en premier lieu, puis son nécessaire et improbable spectateur, chez lequel elle se signalera par une émotion. Mais à vouloir mettre la narrativité entre parenthèses, ce qu'on ne saurait reprocher à l'auteur, en focalisant sur le "fait du fait", est-ce qu'on n'oublie pas que les arts sont de l'ordre du sens (de la trace) sans être pour autant du signe. C'est-à-dire au fond, appartiennent à une langue qui ne communique pas, mais parle ?

La fantasmagorie du verre

*I. Brocchini**

La connaissance d'une œuvre est souvent renouvelée par un "non-professionnel" qui comme un barbare ou un étranger n'appartenant pas à une tradition s'empare d'un auteur et d'une œuvre et bouscule les interprétations faisant autorité. Il ne sera pas question du messianisme de Benjamin dans ce livre, fort peu de son très accessoire "matérialisme dialectique", on n'y verra pas d'anges. Comme on le sait Ilaria Brocchini est architecte et c'est fort de son savoir qu'elle interroge le thème de l'effacement des traces, plus précisément dans les textes de Benjamin portant sur ces architectures d'intérieur que sont le logement et d'une certaine manière toutes ces maisons du rêve (*Traumhäuser*) construites sur le modèle de la galerie. Le livre s'organise à partir de deux citations, l'une qui met en correspondance trace et aura (« la trace est l'apparition d'une proximité, aussi lointain que puisse être ce qui l'a laissé, l'aura est l'apparition d'un lointain, aussi proche que puisse être ce qui l'évoque » *Le Livre des passages*), l'autre qui rappelle le leitmotiv du poème de Brecht adressé aux habitants des villes « efface tes traces ! » dans *Expérience et pauvreté*.

---

* *Trace et disparition à partir de l'œuvre de W. Benjamin*, 2006.

A lire I. Brocchini, on pourrait suivre les aventures de la trace selon une généalogie : celle des appareils, du plus traditionnel, la narration, aux plus modernes, les appareils projectifs. L'appareil de la narration, décrit dans les études sur Leskov (*Le Narrateur*), privilégie la transmission communautaire traditionnelle (le monde de l'artisan et donc de la première technique), l'accent porte sur l'altérité des lointains et donc sur l'aura de ce qui est transmis, alors que l'appareil photographique inséparable de l'industrie, s'il flirte encore avec cette aura collective, déplace l'accent sur la trace, jusqu'à ce que l'appareil cinématographique invalide toute aura traditionnelle et donc, on peut le supposer, toute appartenance communautaire. L'appareil cinématographique étant décrit par Benjamin comme un dispositif technique de désidentification, rendant possible un nouveau droit politique pour la masse : celui de donner d'elles-mêmes des apparences et donc de faire trace suivant la logique de la seconde technique. A suivre la généalogie des appareils (et les textes les concernant ont été écrits à la même époque, et donc en contrepoint), les analyses de l'intérieur architectural et urbain suivent la même cohérence. S'il n'y a pas de mythe architectural de la cabane chez Benjamin ou de philosophie du bâtir comme chez Heidegger, c'est-à-dire de pensée conservatrice du logement privé, acollectif, on a là une armature conceptuelle qui met aux premières loges la technique, laquelle chez Benjamin est entendue en termes d'innervation de la vie et du corps. Il n'y aura donc pas une question benjaminienne de la technique, ni une époque qui serait spécialement technique. La vie de l'homme a toujours eu une part essentiellement technique. L'architecture et l'urbanisme sont donc appareillés comme le corps. A l'époque de la photo puis du cinéma, il est donc suspect de voir réapparaître des principes de construction ne rendant pas possible le “nouveau milieu associé” à ces appareils, pour parler comme Simondon : de voir ressurgir des surfaces qui du fait de leur saturation ornementale ne permettraient pas que la masse donne d'elle-même des apparences, ce qu'I. Brocchini appelle « traces de synthèse » et donc une esthétisation du politique comme dans l'utilisation par les nazis du cinéma. Les références à Loos, au Corbusier, à Descartes, autant dire aux “modernes”, vont dans ce sens : il y a un principe de contemporanéité qui est cinématographique, à partir de quoi peut se développer une critique du retour de l'archaïque, de l'ancien statut de l'aura. Benjamin donne un nom à ce retour de l'archaïque dans le monde de la seconde technique : l'*ultramodernité*. Les « traces de synthèse » sont donc « ultra-modernes ». Mais ce retour sous la forme de différentes “fausses réconciliations” entre la technique et la vie, “fausses réconciliations” parce qu'on peut le supposer le principe d'innervation par la technique n'est pas respecté, implique un défi nouveau pour le penseur : l'originaire (la couleur comme tache produite par la transgression de la loi), l'archaïque (le matriarcat), voire la préhistoire (la peinture rupestre), c'est-à-dire les traces écrites au passé (les vaincus de l'histoire), sont en train de devenir un nouveau champ de bataille politique dans les années 30 : les “théoriciens” nazis bricolent l'archaïque et la technique et cherchent donc à transfigurer le réel social et politique en monde auratique d'une communauté fantasmagorique, c'est-à-dire en accolant une pseudo identité ethnique à une masse au préalable désidentifiée par le cinéma. C'est dire que la reconstitution du passé est l'enjeu des années 30, d'autant que l'appareil photo, qui n'a rien de nostalgique, avait précédemment ouvert une nouvelle temporalité qui sera exposée dans *les Thèses sur la philosophie de l'histoire* : de ce que nous sommes appareillés collectivement par la photo, nous savons maintenant que nous devons sauver un passé qui nous attend. Chaque photo est comme un devoir qui s'adresse à chacun d'entre nous : nomme-moi, accomplis la promesse d'une utopie non réalisée que je porte en moi. On ne saurait donc confondre ce devoir de fidéicommission avec la fantasmagorie des « images de synthèse ». C'est là le côté unilatéral du livre, car les phénomènes culturels ne sont jamais univoques. Comme d'habitude chez Benjamin, les choses et leurs rapports sont doubles : il y a deux rapports possibles au passé, comme il y en a deux au présent, comme à l'avenir, etc. Ce qui implique qu'il y a patrimoine *et* patrimoine, donc que le collectionneur, avec le texte essentiel sur E.Fuchs, n'est pas réductible à l'homme qui vit dans un écrin. Car la collection est un mode essentiel de la connaissance des mondes passés, irréductible aux idéologies du néo. Benjamin était un grand lecteur de G.Salles, le fameux collectionneur, directeur du musée Guimet avant-guerre, l'auteur du *Regard*, celui qui l'initia à la temporalité spécifique de cet autre appareil constitutif de la modernité : le musée, à l'ontologie spéciale des suspens et à leur communication réciproque.

Benjamin fait intervenir un quatrième appareil, lui aussi projectif, contemporain du cinéma : la psychanalyse. Car Benjamin était un lecteur de Freud, lequel donna une importance considérable à la notion de "trace" mnésique qu'il opposait lui aussi à la perception, cette perception qui ne sera jamais pour Benjamin une faculté de la connaissance. Dans son *Baudelaire*, le modèle benjaminien vient de "*Par delà le principe de plaisir*", car la conscience y est conçue comme "pare excitations", ce qui est strictement freudien. Que serait alors un "effaceur de traces" pour Freud-Benjamin ? Un psychanalyste qui a réussi une cure et qui a libéré la psyché de son patient ! Quelqu'un qui peut alors affronter enfin le principe de réalité : est-ce que ce n'est pas la clef d'*Expérience et pauvreté ?* En outre, Benjamin va interpréter l'appareil psychanalytique à partir d'une œuvre littéraire et de la théorie de l'appareil psychique qu'elle élabore, celle de Proust. Avec l'idée que dans le monde urbain de l'esthétique du choc, les événements diurnes ne font plus traces mnésiques, le verre cessant d'être une surface d'inscription car il est seulement capable de protéger l'appareil psychique, ce qui a été "vécu" (*Erlebnis*) ne peut être incorporé dans une expérience vraie (*Erfahrung*), laquelle ne sera possible que la nuit, dans l'acte d'écriture interminable. D'où la distinction entre bonne et mauvaise mémoire : remémoration et ressouvenir. Ce qui suppose, qu'avec la remémoration constituée par l'écriture, on tourne le dos au platonisme : la remémoration n'est pas une anamnèse puisqu'elle suppose un support de mémoire extérieur à l'"âme". Il est évident alors que les « traces de synthèse » sont élaborées par le ressouvenir, alors que la remémoration ouvre un autre statut de la trace, une sorte de trace indissociable d'une écriture littéraire. Il est certain ici que Benjamin a donné une certaine lecture de Proust (*Notes sur Proust*) alors que l'appareil psychique proustien peut être décrit autrement (cf. P. Bayard : *Peut-on appliquer la littérature à la psychanalyse ?* Minuit). On voit bien alors qu'il faut imaginer un troisième statut à la trace : c'est toute la question du statut de l'écriture benjaminienne comme vecteur de connaissance. Pour le dire autrement : son écriture de remémoration, en particulier dans le *Livre des passages*, définit un nouveau mode de la connaissance. Qu'en est-il des traces des auteurs, quasi anonymes, qu'il cite ? Qu'en est-il de ses propres réflexions, en tant que traces ? Cela a-t-il un sens de l'*interpréter* comme s'il s'agissait d'une sorte de Heidegger ? Va t-on *dévoiler* Benjamin ? Il serait temps d'appliquer aux textes benjaminiens la méthode de connaissance qu'il expose. Que dire d'un rapprochement avec *Histoire(s) de cinéma* de Godard par exemple ?

Quels sont dès lors les liens entre la remémoration et l'architecture des "nouveaux barbares" ? La réponse ne peut être seulement : l'architecture marchande. Non parce qu'elle est industrielle, l'industrialisation de l'architecture ne fait pas peur à Benjamin, à condition que le cinéma, cet appareil de l'industrie culturelle nous innerve convenablement, c'est-à-dire nous prépare à vivre dans des mondes techniques inouïs. Mais parce que l'architecture marchande est soumise à la valeur de "nouveauté", ce qui pour Benjamin est la pire des aliénations précisément parce que le lien légitime au passé est brisé. Se remémorer légitimement, ce qui est le but de la cure, c'est restaurer le passé dans ses droits, transformer de l'affect non-lié en représentations de choses et de mots, transformer en archives disponibles les événements non-inscrits, ceux des « vaincus de l'histoire ». Au contraire, construire une architecture systématiquement oublieuse comme chez Le Corbusier, c'est se voir condamner à un retour sauvage du passé sous la forme la plus détestable, par exemple la svastika comme « belle forme organisatrice » pour le projet du musée d'art moderne (la Défense, etc.).

J'annonçais au début une nouvelle piste ouverte par le livre, qui en fait tout l'intérêt. En effet, est-ce que la dialectique de l'aura et de la trace est le dernier mot de Benjamin ? Ce serait en rester à une pensée des régimes de l'art, de l'"art" cultuel, jusqu'aux bienfaits de l'industrie culturelle comme "art" politique, en passant par l'"art" d'exposition. Benjamin déporte l'esthétique, des arts vers les appareils, parce qu'il prend le virage d'une esthétique techniciste. Dès lors, ce qui est au centre, ce sont les cadres d'une pensée de la temporalité, sachant que ce sont les appareils qui configurent la temporalité. Ce qui lui permet de cerner un foyer pour la pensée et le jugement de l'histoire. Ce sera à partir du Maintenant de la connaissabilité. Formule énigmatique, mais dont la compréhension permet de faire le partage entre « traces de synthèse » et remémoration. Analysons déjà le « maintenant ». Ce Maintenant n'est pas chez lui, en rupture avec l'idéalisme subjectif de la philosophie allemande, le moment où la substance-sujet se sait dans la plénitude historique et ontologique. Ce qui supposerait l'illusion d'un continuisme dans l'histoire de l'esprit. Non, ce Maintenant est cet événement sans substance de la contemporanéité de tous les moments discontinus de renversement de l'histoire. Or ces moments de sortie de l'histoire sont fort hétérogènes, littéralement incomparables, pour l'historien traditionnel. On peut en déduire que ces maintenants sont choses rares : les seuls moments politiques pour Benjamin. La « connaissance » maintenant. Il y a un maintenant où la connaissance de l'histoire est possible, sachant que cette connaissance ne sera pas d'ordre conceptuel, sera donc non philosophique Pourquoi, quel est le médium de la connaissance pour lui ? L'imagination, en tant qu'elle ne met pas en forme, mais qu'elle entraîne des formes (culturelles) déjà constituées dans un devenir de dissolution. L'imagination n'est pas la faculté d'un sujet, sujet même minimaliste comme chez Kant (« sujet esthétique » de la IIIème*Critique*), ou mode de synthèse selon le schème (« sujet de la connaissance » de la Ière*Critique*), pour connaître un objet. C'est plutôt un certain rapport du corps avec la loi permettant une communication immédiate entre ce qui imagine et ce qui est imaginé. Ce qui est sûr, c'est que cette puissance opère sur des formes constituées, précisément ce que nous appelons culture (patrimoine, musée, collection, etc.). Qu'est-ce qui surgit du fait de cette dissolution ? Des apparitions colorées qui ne sont pas ce que la phénoménologie appelle phénomènes. D'où l'intérêt de l'étude du *Lesabéndio* de Scheerbart. La couleur est alors le milieu de la connaissabilité *ici-maintenant*. Maintenant de la connaissabilité : non pas lecture assurée de traces sauvées pour un historiographe collectionneur, mais mouvement ultrarapide et plastique entraînant tous les renversements de l'histoire dans une sorte de convergences de toutes les grandes disruptions. On peut en déduire que ce maintenant n'a pas d'autre consistance que l'exposition évanescente de tout ce qui aura été sauvé. Cette citation de Benjamin à propos de *Lesabéndio* est alors essentielle : « *Lesabéndio* est marqué par la mise en acte d'une loi stricte. [...] La vraie exposition des choses en saisit la surface la plus extérieure, leur plus pure matérialité. L'exposition est le surpassement du sens. De cette manière Scheerbart a exclu toute relation pouvant relever d'une intériorité confuse, d'une interprétation et d'une explication » (in : *Paul Scheerbart :Lesabéndio*). On comprend alors, ce que confirme la liasse N de *Passagenwerk* consacrée à la connaissance, que l'exposition des choses littérales comme le sont les citations brutes du livre, s'oppose à l'interprétation herméneutique du sens. Benjamin n'est ni Husserl, ni Heidegger, ni Gadamer parce que son point de départ, c'est la « surface absolue » des *Fragments* qui est *une surface de vision* immanente où se déplacent des images qui aspirent à recevoir un nom. On voit bien que ce qu'il cherche à dégager est au *milieu* de la trace et de l'aura, entre la proximité et le lointain. Peut-on imaginer alors un modèle d'architecture de verre, qui allierait mobilité des images, lumière tombant du ciel à profusion et donc diaphanéité de l'intérieur architectural, industrie culturelle, perception non focalisante dite de distraction, hétérogénéité et fragmentation de la production, etc. ? Je propose, comme approximation, les immenses hangars de verre construits dès avant la première guerre mondiale, en Allemagne, pour servir de studios de cinéma, afin de pallier à la faiblesse de la lumière électrique, maisons de verre analysées par Kremeier dans son histoire de la UFA.

La marche appareillée

*F. Margariti**

Comme les textes de Benjamin servent d'ossature au développement de la thèse, je me retournerai vers eux pour poser la question d'une éventuelle archéologie à l'ère du tourisme de masse. Comme on le sait la démarche « archéologique » est très actuelle, en particulier à la suite de Foucault. A contrario, Pikionis n'avait aucune velléité d'archéologue. Car sa démarche ne se voulait pas scientifique, c'est-à-dire objectivante et positiviste. Et les œuvres étudiées à Athènes[1], les chemins de l'Acropole, le mur de Loumbardiaris, l'Andiron, etc., si elles sont matériellement le produit de telles fouilles, tout autant que de la flânerie sur des terrains autrefois bâtis dès l'Antiquité, ne se présentent pas comme des reconstitutions archéologiques.

---

* La thèse de Fotini Margariti : *L'architecte D. Pikionis (1887-1968), l'archaïque et le moderne*, dirigée par moi-même, soutenue à l'Université Paris 8, devant un jury composé des architectes, historiens de l'architecture : Jacques Boulet et Georges Teyssot, sera prochainement publiée à Paris.

[1] Je dois remercier ici Fotini Margariti, qui est architecte et « *curator* » de nous avoir fait découvrir Pikionis. Un certain nombre de couvertures de la collection Esthétiques proviennent de son travail de recherche.

L'enjeu chez l'un et l'autre, c'est évidemment le rapport au passé dans la confrontation au mouvement moderne, Pikionis ayant même construit une école dans ce style. On sait que Benjamin avait découvert ce mouvement à partir de la lecture de Giedion, son livre ayant été écrit de la manière la plus téléologique qui soit, puisque mettant en exergue une sorte de forme-finale : l'architecture de Le Corbusier. Et cela au nom d'une lutte contre la monumentalisation des maisons, qu'il voyait encore prédominante chez Mallet Stevens. L'idéal de l'architecture moderne pour Giedion, outre la nécessité de l'auto-soutènement, passait par l'intégration de l'air. Le vide devenait un des constituants de l'architecture. On voit bien une semblable lutte contre le monument chez Pikionis : ce sont ses cabanes de bois qui peuvent servir de seuil.

Dans l'un et l'autre cas il y a le même constat d'une impossibilité de continuer la tradition parce qu'elle se présente comme un champ de ruines.

On sait que Benjamin conjugue ruines et modernité.

La lecture du *Narrateur* de Benjamin, reprenant celle d'*Expérience et Pauvreté*, constitue une excellente introduction à l'esthétique moderne en termes de choc. L'esthétique moderne serait donc une esthétique du choc sur fond de ruine de l'esthétique traditionnelle, laquelle était narrative et dédiée au Beau[2]. Benjamin part d'un constat historique, les fantassins sont revenus du front, muets :

« La cote de l'expérience a baissé ; et il apparaît qu'elle tend à zéro (…) Avec la [Première] Guerre mondiale, on a vu s'amorcer une évolution, processus qui, depuis lors, n'a cessé de s'accélérer. N'avions-nous pas constaté, après

2 W.Benjamin : *Goethe*, tome 2 des œuvres complètes Gallimard 2000.

l'Armistice, que les combattants revenaient muets du front, non pas plus riches, mais plus pauvres d'expérience communicable ? Ce qu'on devait lire dix ans plus tard dans la masse des livres de guerre n'avait rien à voir avec cette expérience qui passe de bouche en bouche. Rien d'étonnant à cela. Jamais on n'avait vu expériences aussi foncièrement convaincues de mensonge (…) Une génération qui avait connu, pour aller à l'école, les tramways à chevaux, se trouve en plein air, dans un paysage où tout avait changé, sauf les nuages, et, au-dessus d'eux, dans un champ de forces d'explosions et de courants destructeurs, le tout petit corps fragile de l'homme ».[3]

Il nous semble qu'il faut prendre au sérieux les dernières lignes de ce texte de Benjamin, celles qui concernent le paysage qui a été bouleversé et qui rappellent le début d' *Expérience et pauvreté* :

« Dans nos manuels de lecture figurait la fable du vieil homme qui sur son lit de mort fait croire à ses enfants qu'un trésor est caché dans sa vigne. Ils n'ont qu'à chercher. Les enfants creusent, mais nulle trace de trésor. Quand vient l'automne, cependant, la vigne donne comme aucune autre dans tout le pays. Ils comprennent alors que leur père a voulu leur léguer le fruit de son expérience : la vraie richesse n'est pas dans l'or, mais dans le travail ». Il s'agit évidemment d'une reprise de la fable d'Esope : *Le laboureur et ses enfants.*

La condition matérielle de l'expérience narrative et d'une esthétique du Beau se laisse alors deviner : il fallait que le territoire des hommes soit structuré par ce que Simondon appellera « points-clefs[4]», c'est-à-dire des figures se détachant sur un fond comme autant de repères naturels (arbres,

[3] W.Benjamin : *Le Narrateur. Réflexions sur l'œuvre de N.Leskov*, p .146.
[4] Gilbert Simondon : *Du mode d'existence des objets techniques.* 1989, Aubier.

rochers isolés, cours d'eau et lacs, sommets de montagne, grottes, etc.). Bref, tout ce que la topographie archaïque relève et qu'elle nomme. Ces points-clefs sont autant d'articulations des forces de fond de la nature et des figures culturelles, ce sont des points de passage énergétiques de la forme et de la figure qui, reliés les uns aux autres en réseaux, constituent la première articulation de noms propres sur laquelle les réseaux proprement sociaux s'élaboreront. Simondon décrit ainsi la phase *magique* de l'évolution humaine, avant le déphasage, c'est-à-dire le divorce, entre le monde fragmenté des figures (les objets : outils, etc.) techniques d'un côté et les grandes religions qui sont toujours totalisantes car provenant du fond de l'autre.

L'expérience du choc aura été la conséquence de l'effondrement de ces réseaux de noms propres, quand le sol devient méconnaissable et que ne subsistent au-dessus des fragiles corps humains que les nuages, lesquels ne peuvent être nommés dans leur singularité.

Benjamin va nous livrer un de ses modèles archéologiques dont on retrouvera les échos dans la thèse XVII[5]. Soit la question de l'approfondissement du souvenir authentique selon une pratique qui élude le modèle cumulatif de la mémoire. Comme Paul de Man l'a montré[6], le modèle proustien est indissociable de l'inclusion, et donc de l'inclusion de l'inclusion, par désemboîtements successifs : l'image en résulte, mais cette dernière a un certain goût, elle relève donc de l'impression tactile. Laquelle constitue l'aune de la mémoire, qui n'est qu'un medium, celui de la temporalité. La mémoire, pas plus que la conscience, ne sont

---

5 W.Benjamin : *Thèses sur le concept d'histoire.* Ecrits français, 1940-1991, Gallimard.

6 Paul de Man : *La lecture (Proust).* In : Allégories de la lecture,1979-1989, Galilée

pour Benjamin des facultés psychologiques. La sensation tactile serait donc le critère d'authenticité du souvenir, la boussole qui pointe ce vers quoi il faut descendre, et à partir de quoi le tissu mémoriel pourra être reconstitué par l'écriture nocturne[7].

Benjamin renverse la formule du « trou de mémoire ». Car mémoriser, c'est creuser. C'est par une réflexion sur la mémoire, comme théâtre de mémoire [8] que Benjamin retourne à la question du lieu. Puisque l'œuvre de mémoire est conçue comme une archéologie, la question du lieu est centrale : le souvenir est indissociable du lieu de la fouille et de l'action de fouiller, sinon ne subsistent que des états de fait, inactifs. C'est l'amorce de la critique [9] d'une historiographie dominante, documentaire et positiviste pour laquelle les archives seraient des états de chose. Or ce qui compte dans ce qu'on y découvre, ce sont des images arrachées, suspendues, donc comme des suspens muséaux, d'où la référence au collectionneur. Si la mémoire est un théâtre, alors elle est nécessairement appareillée, donc on ne saurait dissocier l'œuvre de mémoire de l'appareil de fouille et de son lieu d'application.

« La langue a signalé sans malentendu possible que la mémoire n'est pas tant l'instrument de l'exploration du passé que son théâtre. Elle est le médium du vécu comme le Royaume terrestre <biblique> est le médium où sont ensevelies les villes mortes. Qui cherche à s'approcher de son propre passé enseveli doit se comporter comme un homme qui creuse. Cela détermine le ton, l'allure des

---

[7] Modèle de l'apocatastase orthodoxe, sauvetage de toutes les âmes au jour du Jugement ? Chez Pikionis : tout sauver, tous les matériaux, les plus hétéroclites (voir plus bas) ?

[8] Sur la mémoire comme théâtre : Frances Yeats : *L'art de la mémoire*, 1987

[9] Un des grands thèmes des *Thèses sur le concept d'histoire* (1940).

souvenirs authentiques. Ils ne doivent pas craindre de revenir toujours à un seul et même état de fait ; le pelleter comme de la terre, le retourner comme le Royaume terrestre. Car des états de fait ne sont que des gisements, des stratifications, qui, au prix seulement de l'exploration la plus méticuleuse, révèlent ce qui fait les vraies valeurs cachées à l'intérieur de la terre : les images arrachées à leur ancien contexte présentent comme des joyaux dans les salles austères de notre discernement tardif – comme des vestiges ou des torses dans la galerie du collectionneur. Et il faut certes un plan pour entreprendre des fouilles avec succès. Mais le coup de bêche précautionneux, tâtonnant dans l'obscur Royaume terrestre est tout aussi indispensable, et il se frustre de la meilleure part, celui qui consigne seulement l'inventaire de ses découvertes et non cette chance obscure attachée au lieu même de la découverte. La vaine recherche y a sa part tout autant que la recherche chanceuse et le souvenir ne doit donc pas procéder par récit et encore bien moins par compte-rendu mais tenter de manière épique et rhapsodique au sens le plus strict, de porter toujours ailleurs ses coups de bêche, en prospectant là où il est déjà passé, des couches de plus en plus profondes. » [10]

On peut faire l'hypothèse que le modèle de l'archéologie benjaminienne se trouve dans son interprétation et sa méthodologie utilisées à propos des *Affinités électives de Goethe* (1922-1924). Soit la distinction entre teneur chosale de l'œuvre et valeur de vérité. Mais en plus, la référence à l'activité du collectionneur est indispensable car l'objet collectionné est indissociable du lieu de la collection et de l'activité de celui qui hérite ainsi d'une longue histoire (celle

---

[10] W.Benjamin : *Chronique berlinoise*, p.277. Le même sujet a été traité dans « Images de pensée » : *Fouilles et souvenir.*

de l'objet qui est passé de main en main, comme l'image du souvenir conserve toutes les couches qu'il a fallu traverser pour l'atteindre). Se souvenir et collectionner sont donc la même activité pour laquelle l'objet est indissociable de son étui. Il y a donc chez Benjamin une apparence d'aristotélisme du souvenir et de la collection (le lieu d'une chose, c'est son enveloppe auquel elle retournera naturellement si elle en était arrachée). Plus précisément, il y a une sorte de dialectique du contenant et du contenu, selon le modèle de la « chaussette du dedans » où ce qui inclut (la chaussette enroulée en bourse : la forme) est la même chose que ce qui est à l'intérieur (la chaussette en elle-même) : le contenu, c'est la forme déployée.[11]

La seule différence entre les deux activités résiderait en ceci : collectionner, c'est réduire l'hétérogénéité du monde car il s'agit d'apparier des objets, c'est le préalable de toute connaissance. Se souvenir, c'est retrouver la cartographie des lieux de mémoire grâce à quoi, un souvenir perdu peut être cerné à partir d'un réseau dont la structure est discursive : épique ou rhapsodique, plutôt que strictement narrative. C'est une affaire de rythme.

Si le lieu est un réceptacle de la chose, alors il a pris la forme de cette dernière, c'est un moule qui se souvient, c'est une « mémoire de forme ». C'est ce qui disparaîtra quand l'appareil perspectif imposera la conception d'un espace géométrique, rationnel, à partir de la Renaissance. Mais sous cet appareil, il y en a un autre qui persiste car les lieux se souviennent de nous, et c'est pour cela qu'il est toujours difficile de rentrer dans certaines maisons[12] .

---

[11] W.Benjamin : *Armoires*, in : Enfance berlinoise, pp.110-115.

[12] W.Benjamin : *Chronique berlinoise*, p.280.

Chez lui, la topographie est la condition de l'autobiographie, dès lors *Chronique berlinoise* avant d'être autobiographique n'a affaire qu'aux lieux, et donc à des discontinuités, alors que l'autobiographie concerne le développement continu d'une vie dans le temps. La remémoration est donc déjà spatiale au contraire de la vie qui est dans le temps[13].

Il y a donc bien des points communs entre Benjamin et Pikionis, ne serait-ce parce que ses chemins qui mènent à l'Acropole ont bien la continuité d'un parcours d'écriture que le touriste doit faire sien, allant de point de vue surprenant en point de vue surprenant. Il n'est peut-être d'ailleurs pas utile ici de se référer à un rituel, tant la rupture avec le monde sacré semble lucidement consommée. Néanmoins, il y a chez Benjamin et Pikionis, une véritable autochtonie, voire un culte des morts. On sait que Benjamin pouvait caractériser l'appartenance à un quartier berlinois , donc à une catégorie sociale, par le fait d'avoir ses morts dans un territoire donné, ce qui excluait ses propres parents venus d'ailleurs, de la grande bourgeoisie locale. Chez Pikionis, le rapport aux morts et aux dieux semble plus littéraire, moins archaïque.

Malgré une conception archéologique de la mémoire (la fouille subjective), malgré une interprétation de l'œuvre d'art en termes de palimpseste (« *Les Affinités électives* » *de Goethe*), donc en termes de couches superposées que l'herméneute doit traverser, de la plus récente à la plus ancienne, Benjamin serait proche de Pikionis, à condition qu'on parcourt son œuvre comme on le ferait d'un des sentiers de Pikionis. Les « citations sans guillemets » seraient comme les éléments du pavage chez Pikionis. C'est-à-dire en ne tenant compte que

13 *Opus cité*, p.280.

de la valeur d'exposition, opposée à la valeur cultuelle. Ce qui devrait, en bonne logique, nous amener à rompre avec une conception de l'origine comme *arché*, c'est-à-dire comme commencement, fondation, autorité du commandement et légitimité. En cela, Pikionis serait plus radical que Benjamin : nulle trace d'*arché* dans un mur bâti, certes selon la tradition des églises byzantines, c'est-à-dire avec des matériaux de provenances très diverses, mais surtout sans ordre chronologique. Sans que le plus ancien se trouve tout en bas, en lieu et place de la fondation, et le plus récent tout en haut. Que nous montre en effet une façade partiellement restaurée de tel édifice urbain de Saint Antonin Noble Val ? Au lieu de trouver au niveau du sol, la partie romane, qui serait surplombée de quelques fenêtres géminées gothiques, le tout s'achevant par une loggia renaissance, c'est l'inverse qui s'expose. Simplement parce que l'édifice d'origine romane a été plusieurs fois remanié au cours du temps, qu'à la Renaissance on a repris le premier niveau pour ouvrir une boutique, qu'au Gothique on avait percé des fenêtres pour éclairer l'étage noble, sans toucher au dernier étage roman servant de séchoir. On voit bien à partir de là que le modèle de la fouille ne peut plus donner lieu à une exposition authentique. Dès lors, il faut considérer le mur de Loumbardiaris, qui ne se soucie guère des couches historiques, comme l'équivalent vertical du parcours du chemin menant à l'Acropole, où les allégories des différentes époques se suivent sans souci chronologique. On trouve chez les deux le même intérêt pour l'inachevé, pour le personnage du chiffonnier (Pikionis parcourant les sites en ramassant tout ce qu'il y trouve), pour le voyageur, le flâneur.

Un véritable différend passerait malgré tout entre Pikionis et Benjamin : chez Benjamin la verticale est la dimension de la loi divine, l'horizontale, celle de l'ordre social. Dès lors l'unification des dimensions par Pikionis, la verticale n'ayant pas plus de valeur que l'horizontale, implique que le monde dont nous héritons, la modernité, confond, avec la notion de norme, loi et pouvoir. Ce qui légitimerait l'annexion par la thèse du « plan d'immanence » cher à Deleuze et Guattari, auquel j'ajouterai la surface comme peau libidinale parcourue par des intensités d'échelle différente selon le Lyotard de *L'économie libidinale*. Pour le coup cet immanentisme n'est pas benjaminien, bien qu'il eût le projet d'une synthèse de l' anthropologie matérialiste avec la théologie (*Les thèses*).

Les figures étalées sur le sol, comme celles se succédant dans le cas du mur, ne sont pas des symboles ou des métaphores, mais plutôt des allégories, au sens où pour Benjamin analysant Baudelaire, les allégories sont des symboles ruinés. Au fond, ce sont des suspens muséaux. Il y a donc des allégories de temple (avec colonnes et fronton), des allégories géométriques (néo-platoniciennes), sexuelles (vulves, soleils), des vagues, scintillantes, des formes animales, des masques, etc.

Comme la verticalité et l'horizontalité sont équivalentes, alors ce qui vaut techniquement pour un mur, à savoir l'appareillage, vaut aussi pour le pavage du plan, et les fines distinction apportées depuis les Romains sont transférables pour décrire l'agencement d'un sol. La marche, comme l'écriture qui en découle, serait donc elle aussi appareillée. Il y aurait une marche cyclopéenne, polygonale, régulière, moulée, réticulée, à chaînage, etc. C'est-à-dire une typologie chorégraphique possible. Mais aussi un art des jardins ayant rompu avec l'Italie et l'Angleterre : ce sera la leçon de Burle Marx à Rio (sans oublier le retour aux végétaux autochtones).

Pikionis nous introduirait à un autre rapport au passé : si l'on reprend les catégories du Riegl du *Culte moderne des monuments* (valeur de contemporanéité, valeur historique, valeur d'ancienneté), on pourrait proposer une valeur strictement esthétique, ou muséale. Une valeur de mise à plat de tous les vestiges du passé pour le flot des touristes cosmopolites. On aurait affaire à une médiation lucidement touristique, la seule possible aujourd'hui, entre une restauration néo-classique de pure fantasmagorie (les architectures officielles de la nouvelle capitale grecque, rêvées au XIXème siècle par des architectes allemands) et les zones de ruines que l'archéologie scientifique ne manque pas de multiplier. A ce titre, le musée de Tschumi, construit pour abriter les frises du Parthénon quand elles reviendront de Londres, se place dans la continuité de Pikionis, puisqu'il ne cède pas au désir toujours fantasmagorique de faire voir « le passé tel qu'il a été », tout en respectant la différence des temps (les infrastructures du quartier au-dessus duquel il a été bâti). C'est toujours l'art le plus contemporain qui sauve le passé.

Restauration et extension de l'église Loumbardiaris à Athènes

Dallage du sentier conduisant à l'Acropole

Maison médiévale à Saint-Antonin Noble Val.

Le mouvement inclusif de l'imagination

M. Bubb[*]

Martine Bubb a littéralement inventé un appareil légitime là où la plupart des auteurs ne distinguaient pas systématiquement perspective artificielle et *camera obscura*. Car si les commencements de la *camera obscura* remontent aux Arabes[1], il faudra attendre la véritable origine de l'appareil, qui lui est le fait des peintres hollandais du XVIIème siècle. C'est un autre appareil projectif, qui n'est pas réductible au premier, même s'il s'agit toujours de projection et qu'il suppose toujours que la surface d'inscription des signes soit soumise au régime de la représentation, donc que le monde soit donné à voir et non plus à lire comme dans l'art médiéval. Autant l'appareil perspectif peut ressembler à une prothèse, placée donc devant l'observateur, entre lui et la chose observée, autant la chambre obscure diffère puisqu'elle englobe la singularité comme dans une bulle. Au point qu'elle apparaisse alors comme un complément de la prothèse. Ou plutôt que perspective et *camera obscura* soient les deux faces d'un même archi-appareil, distinction qui permettra d'identifier d'autres couples d'appareils. Si on peut

---

[*] *La camera obscura. Philosophie d'un appareil*, 2010.

[1] Hans Belting : *Florence et Bagdad. Une histoire du regard entre Orient et Occident.* Gallimard, trad. fr. A. Rieber, 2012.

montrer que l'essentiel de la « peinture du Nord » est généré par cet appareil et donc en comporte la vérité (Vermeer[2]), ce n'est probablement pas la philosophie de Leibniz qui en expose la vérité, parce que la monade leibnizienne est proprement « sans portes ni fenêtres ». Ce qui assimilerait plutôt la monade à un programme se développant de lui-même, mais en fonction des autres programmes, dans une relation d'entre-expression et donc de réseau, alors que la chambre obscure suppose un minimum d'ouverture, le sténopé (petit trou) des premiers engins photographiques. C'est encore un dispositif indiciel, ayant une dimension « ontologique ». Mais si le monde extérieur se projette, c'est la tête en bas. Parce qu'elle renverse les rapports de verticalité, tout en ayant une dimension indicielle, indéniable, la *camera obscura* est devenue pour Marx la matrice de l'illusion idéologique[3] : dès lors la science devra rétablir les choses, renverser le renversement idéologique. Contre le fétichisme de la marchandise, contre la valeur se faisant passer pour la source de tout, le travail humain, comme la Nature, devront être rétablis dans leur vérité générique. Mais c'était reconnaître implicitement à la *camera obscura* une place essentielle pour la *ratio cognoscendi*, place certes négative, puisque la théorie scientifique en faisait la condition de la science, mais seulement comme moment du travail du négatif relevable par la théorie, laquelle, ainsi, ne faisait qu'élever la *camera obscura* à la puissance seconde (le

---

2 Malgré la thèse novatrice de S. Alpers, les historiens de l'art comme D. Arasse (*L'ambition de Vermeer*, 1993) n'arrivent pas à donner à cet appareil majeur un autre statut que celui d'outil pictural. On se demande alors pourquoi Vermeer a reconstitué tant de chambres éclairées par une fenêtre !

3 Marx § Engels, *L'idéologie allemande*, trad. fr. 1968.
S. Kofman, *Camera obscura. De l'idéologie*, Galilée, Paris, 1973.

renversement du renversement). La *camera obscura* apparaissant finalement comme un moment nécessaire – dialectique – dans un processus de connaissance, moment équivalent à l'incarnation de l'âme entendue comme déchéance chez Platon. Or, c'est sa structure qu'étudie Bubb, et non sa seule dimension métaphorique. Si, dans le cas de l'appareil perspectif, tout se conclut de l'identité spéculaire du point de fuite et du point du sujet, parce que du fait de la construction géométrique le Sujet est toujours déjà là-bas, au fond du dispositif, comme l'araignée au centre de sa toile attendant la singularité quelconque pour la transformer en subjectivité métaphysique, rien n'est comparable pour la *camera obscura*, avec quoi elle a pourtant toujours été confondue[4]. La *camera obscura* est une technique « douce », produisant un milieu physique, c'est un engin ludique et puéril, si on la compare à la domination adulte et virile sur le visible qu'entraîne la perspective. Si la peinture du Sud, italienne, puis espagnole (Vélasquez), constitue le terreau de la subjectivité et de l'auto-représentation de la Cité, rien de semblable avec le Nord du fait de l'absorption dans une cellule obscure d'une singularité qui contemple en face d'elle, sur un écran, le déroulement du monde, le passage du temps, l'obscurcissement de la lumière et le nappage des couleurs. Si le Sud a privilégié le rayon central de la pyramide visuelle, celui qui donne la maîtrise sur les choses vues, le Nord s'est contenté d'une vision périphérique, où les phénomènes peuvent advenir, non dans la clarté et la distinction de la frontalité, mais dans l'imprécision et la pénombre de la latéralité. On retrouverait

[4] Lyotard ne les distingue pas vraiment, Damisch évoque seulement leur distinction. D'une manière générale la *camera obscura* n'a pas été identifiée comme un véritable appareil, mais comme un dispositif dérivé de la perspective, ce qui n'est absolument pas le cas.

le partage établi par Ehrenzweig entre les deux perceptions[5], la centrale qui focalise et immobilise dans la netteté et la lumière, mais dont la légitimité est restreinte à un angle visuel étroit, et la « vision inconsciente », dite de balayage (*scanning*), au spectre large grâce à quoi les phénomènes surgissent, mais à la périphérie et dans la pénombre. Là où la perspective fixe des formes par le primat du dessin sur la couleur, du concept sur la matière, selon une tradition métaphysique qui deviendra un académisme, et ouvrira la voie à la numérisation de l'image, la *camera obscura* s'ouvre nécessairement au passage des images, à la dissolution, c'est-à-dire à la déformation, parce que les couleurs gomment les lignes. Elle est le lieu où les choses déclinent sans solution de continuité : première expérience du mouvement dans le monde des arts plastiques, d'où l'importance que lui accordera le baroque en architecture, les plis et le dépliage indéfini de la monade leibnizienne selon Deleuze[6]. À l'opposé de l'instantanéisme de la perspective, la temporalité de la *camera obscura* serait donc celle de la durée continue. Si l'on réunit toutes ces caractéristiques, si l'on insiste sur l'inclusion nécessaire de tout observateur, donc sur l'absorbement inévitable, sur la continuité de ce qui passe comme de soi-même, c'est-à-dire comme s'il n'y avait pas d'appareil, dans une sorte de quasi-immédiateté, sur le flux d'un mouvement d'images colorées qui entraîne malgré elles les singularités, sur un rapport au réel qui ne maîtrise pas (avec toujours plus ou moins de violence), mais seulement prélève des détails sans rien modifier, alors on retrouve les caractéristiques de l'imagination selon Benjamin : cette

---

[5] Anton Ehrenzweig : *L'ordre caché de l'art. Essai sur la psychologie de l'imagination créatrice*, 1982.

[6] Deleuze, *Le Pli, Leibniz et le baroque*, Minuit, Paris, 1988.

imagination qui dissout les formes de l'apparaître en libérant des apparitions. Et l'on en revient toujours – comme Adorno et Proust – à la lanterne magique de l'enfance. Benjamin est alors celui qui – comme philosophe – a exposé les principes et la généricité de la *camera obscura*, probablement parce qu'il avait été un bon lecteur de Bergson comme en témoignent les écrits sur Baudelaire. On peut alors faire l'hypothèse que d'entrée de jeu la « modernité » s'est divisée, selon deux logiques divergentes et pratiquement contemporaines, selon deux appareils : la perspective/la *camera obscura*. Et qu'à partir de là deux généalogies ont été possibles : celle de la focalisation, celle de l'absorbement. Mais il y a un milieu commun aux deux appareils, comme aux deux généalogies qui en proviennent, un milieu qui à la fois les précède et les alimente constamment malgré une complexification continue, un milieu par quoi elles continuent de communiquer. Ce fond commun technique, hérité des pratiques architecturales artisanales du Moyen-Age, c'est la projection. Faisons même l'hypothèse d'une projection constructive orthogonale disponible peut-être depuis l'Egypte, qui aurait rencontré deux destins opposés tout aussi improbables et nécessaires à la fois : soit l'arrimage à un point quelconque qui deviendra *point du sujet*, soit la résorption et l'absorption de ce point à l'intérieur même du dispositif projectif. Soit ce point, d'une certaine manière aimante la projection, tire à lui ses lignes et alors toutes les lignes orthogonales au plan du tableau convergent vers lui, soit c'est le contraire : le point est absorbé par un dispositif qui n'a pas besoin de lui pour « fonctionner », le « tableau » est toujours déjà là : même sans spectateur, les images passent. De fait, à l'intérieur de la *camera obscura*, il y a projection d'images, que le Sujet y soit ou pas. Il faut insister sur le côté indérivable et improbable de cette double jection :

la perspective à point de fuite unique n'est qu'un élément au sein de l'ensemble des projections possibles, l'avènement qui a fait époque consiste dans l'imposition du point de fuite comme point du sujet. Tout se joue quand « on » décide théoriquement (Alberti) qu'un objet est la base d'une pyramide visuelle dont l'œil est le sommet. Et qu'on peut couper arbitrairement en un instant, comme avec une lame de guillotine, cette pyramide pour positionner numériquement les points de section des rayons lumineux. Le double de cette décision, plus que son contraire, ce n'est pas une projection bifocale ou multifocale, par exemple, mais une absence rigoureuse de captation de la projection, dont on a une idée avec les axonométries, projection qui donc ne subjectivise pas mais intériorise ce neutre (la collectivité « a priori ») dont parle Adorno à propos du cinéma.

Face à l'appareil projectif dans son plus simple apparat de lignes et de matériaux prédéterminés, il y eut donc une décision indérivable, déterminant alors la place et donc la « nature » de la singularité par rapport à la projection. D'où la nécessité d'opposer deux modes (projectifs) de l'imagination : soit l'installation de formes-figures projetées sur un écran dont la transparence est essentielle (la vitre) pour un sujet, soit la déformation du fait d'un flux constant d'images projetées sur un écran réfléchissant, pour un quelconque qui fait l'expérience de la désubjectivation. Soit l'*Einbildungskraft*, soit l'*Entstaltung*. Soit Kant-Schiller, soit Freud-Benjamin, soit l'apparaître, soit l'apparition. D'où, à partir de là, la distinction entre des appareils qui plutôt mettent en formes alors que d'autres dissolvent les mêmes formes. Ou, dans le même appareil, l'accent porté, d'un certain point de vue, plutôt sur la déformation que sur la formation. Et dans les rapports entre appareils - la grande question de l'intermédialité - l'accent mis sur tel qui forme et sur tel autre qui déforme, etc. Si la perspective objective le passé comme elle le fait pour tout ce qui advient, la *camera* d'essence fantasmagorique n'introduit aucun différence diachronique, privilégiant ainsi une sorte de « présent vivant[7] » sans la capacité de synthèse des moments du temps.

[7] Au sens husserlien.

Deuxième partie

Présentation du livre de J.-L. Déotte : *W. Benjamin et la forme plastique. Architecture, technique, lieux*, 2012

A. Naze[*]

Une longue fréquentation de Walter Benjamin a permis à Jean-Louis Déotte de construire, progressivement, par touches successives et motifs récurrents sans cesse repris et retravaillés, une figure de l'œuvre qui n'en soit pas la simple exégèse toujours recommencée, mais bien la reconfiguration constante de son lieu, du site de son avoir- lieu, si l'on considère l'œuvre-Benjamin à l'image d'un événement. *Walter Benjamin et la forme plastique* constitue à cet égard une étape importante, sans postuler cependant au titre de *bilan,* puisque si l'auteur y fait le point sur certaines de ses propres avancées théoriques, il ouvre en même temps la voie à de futurs réaménagements, à d'autres ramifications et approfondissements. C'est que l'œuvre benjaminienne n'y est, en effet, jamais considérée en dehors des puissances qui lui sont propres, puissances qu'il s'agit par conséquent bien plutôt, dans cette démarche, de conduire à produire tout ce qu'elles peuvent - éventuellement en réactivant, pour les interroger à nouveau, certaines des sources d'inspiration de

---

[*] Cf. compte rendu revue *Appareil.*

Benjamin : Giedion, Freud, Fiedler, Proust, etc. Il s'ensuit que ces approches successives ont une manière très singulière de s'entre-répondre, de se croiser, en s'approfondissant toujours davantage à certains niveaux, délaissant certaines dimensions, moins fructueuses sans doute, en enfourchant d'autres, et les creusant à nouveau, voire en les réorientant - c'est ce qui donne à cette suite de livres et de textes consacrés au travail de Benjamin, ou s'inscrivant dans le sillage de ce travail, cet aspect faussement répétitif, tenant parfois de la musique d'un Steve Reich : de petites variations, des « petites différences » aurait dit Leibniz, apparaissent, plus ou moins visibles de prime abord, qui finissent par reconfigurer effectivement la géographie des lieux. C'est la raison pour laquelle, malgré (et à travers) cet aspect répétitif, de livre en livre, se font jour des changements de perspective prompts à dépayser un lecteur inattentif, à l'image de ce voyageur qui, ayant somnolé seulement un instant face à un paysage ne semblant pas varier, serait tout étonné d'apercevoir les contreforts d'une montagne à son réveil, alors qu'à l'instant encore, lui semble-t-il, il voyageait au sein d'un paysage de plaine. De fait, certains énoncés de Jean-Louis Déotte peuvent paraître déconcertants, si l'on n'a pas été suffisamment attentif à la patiente élaboration dudit énoncé, entamée bien en amont ; et si l'on a été effectivement attentif à ce travail préparatoire, ou plutôt d'énonciation progressive, l'énoncé n'en reste pas moins perturbant, et oblige le lecteur à en faire un des motifs de sa propre réflexion. Je pense en particulier à cette idée, trouvant sa formulation la plus aboutie sans doute dans le présent ouvrage, selon laquelle l'idéologie, le fétichisme de la marchandise seraient des effets d'appareil, des effets d'optique, puisque c'est l'architecture des passages urbains, notamment, qui produit certaines fantasmagories. En cela, l'analyse déstabilise, à la fois parce qu'elle remet en question notre lecture traditionnelle du fétichisme à partir de l'analyse marxienne de la marchandise (reprise par les situationnistes dans sa structure, en absorbant le spectacle dans le monde de la marchandise), mais aussi parce qu'elle ouvre sur une perspective déconcertante de prime abord : « [...] c'est le spectacle (le passage urbain, les panoramas, les expositions universelles) qui a fétichisé la marchandise. [...] l'idéologie, le fétichisme, sont des résultats d'un appareil optique qui donne des images inversées de la réalité » (p. 27). Quant à l'ouverture ainsi réalisée par cette lecture, par ce questionnement, elle n'est rien moins que négligeable : c'est l'idée d'un socle susceptible de fournir un point d'ancrage, de *réalité* par-delà les apparences, et donc à même de fournir une base pour un discours *vrai,* par-delà les idéologies, qui disparaît. Il n'y a pas d'au-delà de l'idéologie, entendue comme représentation aliénée, puisque nos représentations sont toujours des effets d'appareil, et qu'on ne perçoit rien de la réalité sans un certain type d'appareillage - ce qui permet à l'auteur de renvoyer Marx à son propre appareillage perspectiviste : « Pour Marx, la théorie doit redresser le rapport initialement renversé : seule une bonne perspective pourrait agir et redresser les torts de l'idéologie ! » (p. 27). Bien sûr, cette conception non marxienne de l'idéologie n'est compréhensible en son fond qu'à la condition de prendre en compte l'appareillage conceptuel d'ensemble du présent ouvrage, à commencer par la notion de perception propre au collectif.

Un des fils conducteurs susceptibles d'orienter le lecteur dans cet ouvrage me semble être celui que fournit la notion de *porosité* qui, bien loin de se cantonner au seul dernier chapitre (intitulé « La ville poreuse »), irrigue une grande partie des problèmes envisagés dans ce livre. Dans cette optique, c'est le passage urbain du XIXe siècle qui paraît occuper la première place, en tant que « pièce essentielle de la configuration de la fantasmagorie originaire dont nous hériterons » (p. 11).

En effet, là où Benjamin opposait ce qui est intérieur pour le collectif et extérieur pour l'individu, dans *Paris, capitale du XIXe siècle,* en écrivant : « Les architectures, les modes, et même les conditions atmosphériques sont, à l'intérieur du collectif, ce que les sensations cénesthésiques, le sentiment d'être bien portant ou malade sont à l'intérieur de l'individu »[1], Jean-Louis Déotte va prendre en compte la dimension littérale de tels énoncés, de façon à voir où ils peuvent nous conduire - seule façon de procéder, en effet, pour ne pas réduire le propos de Benjamin à une simple métaphore. En procédant ainsi, l'auteur aboutit à l'énonciation de ce paradoxe :

> [...] pour l'individu, une architecture est à l'extérieur de lui, comme l'est un phénomène atmosphérique, et s'il se déplace dans un passage couvert, ce sera à l'extérieur comme pour toutes les maisons du rêve collectif. Mais pour le collectif, ce sont les maisons du rêve qui sont à l'intérieur, comme les phénomènes cénesthésiques le sont pour l'individu. [...] dès lors il faut distinguer deux modes de la perception. Les architectures sont perçues par le collectif *distraitement* et non *contemplativement* à l'extérieur, mais pour être absorbées par lui. (p. 13)

Si le cinéma et l'architecture ouvrent donc sur un même mode de perception, comme l'indique lui-même Benjamin, et comme trop souvent on peut le répéter sans le penser vraiment à fond, cela doit alors se comprendre dans le cadre

[1] Walter Benjamin, *Paris, capitale du XIXe siècle : le livre des passages,* Jean Lacoste (trad.), Paris, Éditions du Cerf, 1989, p. 406-407.

d'une perception envisagée du point de vue du collectif : c'est parce que la contemplation singulière suppose une focalisation en laquelle le spectateur se perd dans l'image, que le mode de perception propre au collectif doit être pensé sur le modèle du *balayage,* du *scanning,* proprement cinématographique, permettant une absorption du perçu, lequel demeure donc à l'intérieur. Les choses ainsi perçues restant vagues, elles ne peuvent faire l'objet d'une stricte connaissance et, par conséquent, « [e]lles sont absorbées comme les sensations corporelles naturelles, et font partie du cycle de la répétition, ce que Benjamin appelle fantasmagorie originaire » (p. 14). Comment comprendre, alors, qu'on puisse faire des choses absorbées dans le moment de leur perception « le matériau privilégié de l'action politique » (p. 14) ? C'est que, selon le paradoxe de la perception collective, « les mêmes mécanismes psychiques sont à l'œuvre dans les états intérieurs du collectif comme dans l'action politique extérieure » (p. 15), d'où il s'ensuit que, la différence entre rêve et veille n'étant plus considérée comme de nature (sous l'influence de Freud), le *réveil,* propre à l'action politique, ne saurait donc relever de la *prise de conscience.* C'est au contraire parce que le perçu, du moins celui dont on prend conscience, n'ouvre que sur le souvenir volontaire, qu'il se situe du côté du « règne de la répétition du désir ou de l'ennui » (p. 15), alors que la *trace mnésique,* elle, n'étant provoquée que par une *remémoration,* ouvre sur un *événement.* La remémoration doit donc s'entendre comme manifestation de la trace mnésique. Et c'est là qu'on retrouve la notion de porosité : si l'action politique ne relève plus, en effet, chez Benjamin, de la prise de conscience, elle relève, en revanche, de ce que Jean-Louis Déotte appelle « une topologie où l'enveloppe n'est que la forme extérieure de ce qu'elle enveloppe, la forme enfermant le contenu comme dans l'exemple de "la chaussette en-dedans" » (p. 15). Autrement dit, si l'expérience de la ville est bien une expérience collective, il faut s'attendre à ce que l'extension de la technique entraîne une *innervation* du corps collectif, révélant ainsi (c'est-à-dire pas par prise de conscience, mais par innervation) *l'inconscient technique* sous-tendant l'art de bâtir du XIXe siècle. En cela, la technique révèlerait le potentiel du rêve collectif. C'est bien le même motif de la porosité que l'on peut alors développer, dans la lecture que Benjamin fait de Giedion : là où ce dernier décrit surtout cet inconscient technique, Benjamin, lui, s'intéresse davantage au suranné, à la dimension se voulant « artistique » venue recouvrir ces constructions. Et ces ornements, eux, à l'inverse de la technique elle-même, relèveraient des rêveries du particulier. En cela, il s'agit, pour Benjamin, de se centrer sur « ces architectures qui sont, comme le musée, des concentrés d'inclusion, des étuis d'étuis, ce qu'il nomme "maisons du rêve collectif" » (p. 11). Et cela se comprend à travers le fait que c'est la *forme plastique* qui intéressait essentiellement Benjamin, non pas le fait qu'elle soit artistique *ou* technique, donc, mais bien le fait qu'« elle réalise la synthèse de la forme artistique et du contenu technique » (p. 88). À cet égard, Jean-Louis Déotte opère un rapprochement, d'inspiration simondonienne, entre *forme plastique* et *appareil* :

> [...] il faudrait mettre sur le même plan les formes plastiques résolvant un problème technique et ce que Benjamin appellera "appareil". Ce qui impliquerait que les appareils résolvent à leur manière des problèmes techniques connus par la tradition, mais insolubles dans ce cadre. (p. 88)

De la *forme plastique,* on dira donc qu'elle réalise la synthèse entre la forme et le contenu, par laquelle ce qui inclut est la même chose que ce qui est inclus. Là serait donc le rapport topologique qu'on indiquait tout à l'heure entre les façades historisantes des passages et les architectures techniques. Le passage urbain contiendrait donc le collectif au moment où celui-ci absorbe le passage (« l'intérieur contient l'extérieur », p. 64), tout comme l'appareil cinématographique produirait le public au moment où celui-ci absorbe le film.

Il n'est pas jusqu'aux considérations de Benjamin relatives à la poésie de Baudelaire qui ne puissent, dans ce livre, nous reconduire à la question de la porosité. En effet, c'est parce l'expérience aurait cessé d'être transmissible, que l'expérience individuelle ne pourrait plus exister que dissociée de l'expérience collective, c'est-à-dire qu'à titre d'expérience propre à une singularité. Or, « [l]a poésie de Baudelaire correspondrait à ce moment de déphasage du psychosocial en psychologie d'un côté, sociologie de l'autre » (p. 39), raison pour laquelle Benjamin souligne qu'en face d'un tel bouleversement de l'expérience, cette poésie se doit de présenter un haut degré de conscience, seule façon de parer le choc de l'expérience dont elle porte témoignage. C'est donc parce que la poésie de Baudelaire correspondrait à cette étape de déphasage que Jean-Louis Déotte émet l'hypothèse selon laquelle Benjamin chercherait à « restaurer un état du psychosocial plus essentiel où le "privé" et le "public" seraient en relation de réversibilité » (p. 39). C'est donc cette fois pour éviter la transformation de l'expérience singulière en simple règne du *particulier* que Benjamin en appellerait à des effets de porosité - cette fois entre domaines privé et public.

On sait que le caractère intransmissible de l'expérience moderne est référé, par Benjamin, notamment sous l'influence de Simmel, à l'expérience moderne du *choc*, propre à la ville (à côté de l'expérience spécifique de la guerre de tranchées). Une telle forme de réception des événements ne permet en effet plus de les lier entre eux, de façon à en faire l'objet d'une narration, d'autant que la conscience n'est plus l'instance susceptible de recevoir cette expérience, la conscience devenant davantage ce « dispositif de pare-excitations dont la fonction est de préserver les équilibres psychiques internes » (p. 40), qu'évoque Freud dans son livre *Au-delà du principe de plaisir*[2]. Dans ces conditions, puisque la mémoire volontaire propre aux souvenirs n'est pas capable de recueillir autre chose que des événements réduits à leur dimension vécue, l'habitant des villes sait qu'aucune *trace* (dans le sens d'une véritable *archive*) de son existence ne sera conservée, raison pour laquelle il s'accroche à l'illusion de laisser des souvenirs par l'intermédiaire de ses propres objets, auxquels il fournit un étui. Or, comme le souligne l'auteur, « le particulier habite le passage urbain comme le bourgeois son appartement » (p. 40). Dans les deux cas, on a une forme d'abandon dans une rêverie collective, que Benjamin nommera *fantasmagorie*, s'agissant des passages urbains, pour le nouvel appareil de projection dont ils témoignent : « le passage-panorama » (p. 41). C'est donc l'appareil du passage qui produit le fétiche, « générant [ainsi] une prodigieuse rêverie collective, repla[çant] l'onirique et ses métamorphoses [...] au-devant de la scène » (p. 42). C'est donc à bon droit que l'auteur peut conclure, sur ce point, que « [s]i le psychosocial perdure, c'est sur le mode de l'onirique » (p. 43). Autrement dit, si quelque chose de l'expérience collective peut être transmis, il le sera nécessairement, comme chez Baudelaire, sur le modèle de la trace mnésique, mais en procurant une certaine persistance

---

[2] Sigmund Freud, *Au-delà du principe de plaisir,* Jean Laplanche, Jean-Bertrand Pontalis (trad.), Paris, Payot & Rivages (Petite bibliothèque Payot), 2010.

aux affects non liés, en lieu et place de leur caractère éphémère, modification sans laquelle ces traces ne pourraient tout simplement pas faire l'objet de la moindre transmission. C'est en ce sens que Jean-Louis Déotte peut relier le passage urbain comme appareil à la poésie lyrique, pour cette commune porosité entre rêve collectif et rêveries du particulier : « Le passage est un véritable appareil configurant à nouveaux frais l'événement et non un simple dispositif urbain parce que modifiant le milieu de la perception, il a rendu possible le renouvellement d'un genre littéraire : la poésie lyrique » (p. 45).

La figure du flâneur, chez Baudelaire, serait donc susceptible, à l'inverse de la foule (simple agrégat d'individus), d'opérer une esquisse de ce mouvement espéré par Benjamin, consistant à initier une réversibilité entre public et privé. Cette figure recèlerait du moins en elle cette potentialité. En effet, si le flâneur ne veut pas se refermer sur sa sphère privée, l'enjeu, pour lui, ne serait plus de connaissance (de soi ou du monde), mais celui du « surgissement d'un sujet esthétique qui est aussi politique » (essentiellement politique est, en effet, chez Benjamin, l'articulation entre espaces privé et public), et il devrait donc, pour cela, suspendre tout recours à la mémoire volontaire, pour avoir quelque chance d'être « affecté par ce qui apparaît comme phénomène et comme événement. La ville cesse d'être un classique théâtre de mémoire » (p. 46-47). En cela, donc, le flâneur aurait à rompre avec l'espace de la représentation (le théâtre comme extension de l'appartement), pour entrer dans celui de la fantasmagorie (le panorama, ouvrant sur de grandes perspectives urbaines). Et si cette nécessaire rupture nous plonge dans la modernité, ce sera Naples qui constituera la véritable expérience de la compénétration, pour Benjamin, et non pas le théâtre olympique de Vicenza, comme le rappelle le dernier chapitre du livre, du moins une fois qu'aura été écartée l'expérience des appartements collectifs de Moscou, et ce, pour une raison toute simple : l'abolition de la vie privée par le bolchevisme, selon les termes de Benjamin lui-même. Les roches volcaniques à partir desquelles la ville de Naples a été construite constituent certes un matériau poreux, mais précise aussitôt Jean-Louis Déotte, le poreux ne saurait se limiter à cela, et constitue tout autant « un déterminant topologique » (compénétration entre l'appartement et la rue), mais encore aussi bien « un déterminant sociologique » (compénétration de facteurs structurants, comme le catholicisme, et de facteurs déstructurants, comme la Camorra), mais encore tout autant « un déterminant fantasmagorique » (les animaux extraordinaires traités ordinairement, et inversement), etc. Or, de telles caractéristiques seraient en effet bien désignées pour évoquer une société traditionnelle, et en ce cas, « mentalité primitive » (au sens de Lévy-Bruhl) pourrait bien être l'autre nom de la porosité ici présente (p. 145). Or, loin de cantonner cet espace urbain de Naples - « pré-perspectiviste », absolument non moderne, donc - à cet éloignement historique, on serait bien inspiré de s'aviser qu'il constitue bel et bien une forme de « phénomène originaire » au sens de *l'Utphanomen* goethéen, c'est-à-dire, « à la fois une réalité empirique et une idéalité matricielle » ; on aurait donc bien là, comme l'écrit l'auteur, « l'urbanité par excellence, parce que la réversibilité qui la caractérise est à l'espace ce que le carnaval (le renversement du temps) est à la temporalité social-historique » (p. 146-147).

Pour conclure, on peut donc indiquer que cette approche du livre *Walter Benjamin et la forme plastique* à travers le prisme de la porosité s'achève sur l'idée selon laquelle, en tant que *phénomène originaire* de cette porosité (ouvrant notamment sur la réversibilité entre privé et public), Naples peut être envisagée, concernant cette fois la question de la compénétration, comme les passages urbains et Paris ont pu l'être, dans *Paris, capitale du XIXe siècle,* c'est-à-dire alors comme fantasmagorie originaire, permettant de penser les phénomènes de fantasmagorie - cette fois, Naples constituerait le phénomène originaire à partir duquel les phénomènes empiriques de porosité pourraient être pensés. Par conséquent, l'aporie que met en évidence Jean-Louis Déotte, dans les dernières pages de son livre, concernant le *verre* entendu comme matériau de construction, relativement à la question de la porosité, constitue bien, en effet, la matière pour un prochain livre possible, comme il le suggère. De fait, soit l'on considère que le verre, ne laissant prise à nulle trace, s'oppose à toute forme de compénétration, soit l'on considère que la transparence constitue le milieu par excellence où intériorité et extériorité, contenant et contenu peuvent s'échanger, et alors il est l'exemple, paradoxal, et pourtant parfait de la porosité. On conclura donc par ces mots de l'auteur : « Il faudrait tout un livre pour traiter du verre chez Benjamin » (p. 146). Cette conclusion toute programmatique confirme bien, par conséquent, que le présent livre relève moins d'un bilan que d'un *work in progress* sans terme assignable.

Entretien avec Alain Brossat

Alain Brossat : On voit poindre constamment une tentation dans le livre de Jean-Louis Déotte – celle de la présentation d'un *autre Benjamin*, qui ne serait pas celui de la réception la plus courante, celle donc du Benjamin penseur de la politique, de la révolution-quand-même, de la temporalité messianique, mais un Benjamin « caché » ou masqué et qui serait avant tout un penseur de la technique. Jean-Louis Déotte ne va pas jusqu'à dire que son Benjamin minoritaire est le *vrai Benjamin*, mais à certains moments, il n'est pas très éloigné d'une telle (et redoutable) affirmation. Quand, par exemple, à la page 116, il *corrige* et réprimande Benjamin en disant qu'il fait « un usage trop extensif du terme de dialectique », un usage qui, en effet, ne trouve pas trop sa place dans le tableau benjaminien dessiné par Jean-Louis Déotte mais qui, bel et bien, renvoie à ses affinités avec Brecht, donc avec le marxisme révolutionnaire à la Karl Korsch et qu'il ne saurait être question d'effacer d'un trait de plume. Ou bien encore, quand il [J.-L. Déotte] insiste non seulement sur le constat que Benjamin est un penseur de la technique, « et ce d'une manière non anecdotique, mais essentielle » mais, de surcroît, sur le fait que cet intérêt premier pour la technique, et donc les appareils, constituerait le fil rouge de sa pensée, « depuis les premiers textes [*Fragments d'esthétique*] jusqu'aux écrits sur Brecht ».

Il me semble que, avec ces formules, Jean-Louis Déotte est bien près de succomber à cette tentation tant partagée parmi les commentateurs contemporains d'un philosophe du XXe siècle dont l'étoile est en train de monter au firmament de la reconnaissance universitaire (un geste que je rencontre constamment dans la glose qui se développe aujourd'hui autour de l'œuvre de Foucault) : celle qui consiste à écarter d'un geste les lectures antérieures ou en cours, pour dire : me voici, qui arrive à point nommé pour vous dévoiler enfin la *vérité* de cette œuvre si malmenée jusqu'à présent, une vérité qui se révèle dans la « cohérence et la continuité » inaperçues jusqu'alors de cette œuvre.

Or, il m'a toujours semblé que s'il y a un auteur qui demeure résolument réfractaire à ce type de réduction, c'est bien Benjamin. Je ne fais pas référence seulement ici en premier lieu à son geste d'écriture qui fait de son travail un champ de dispersion et d'inachèvement infini, mais, tout simplement à ce qui constitue le premier niveau des stratégies d'appropriation de l'œuvre dans sa vérité supposée, c'est-à-dire son niveau philologique – là où les gens de Francfort qui se considèrent comme vicaires de droit de l'œuvre, vont rejeter d'un revers de main les lectures françaises de Benjamin, disant – de toute façon, vous n'y comprenez rien, parce que l'allemand de Benjamin est trop compliqué, trop raffiné pour vous. Or, nous nous étions amusés à montrer il y a quelques années, Maria Muhle, une jeune philosophe allemande et moi-même, innombrables traductions à l'appui, que *personne*, pas même M. Tiedemann, ne peut établir, si ce n'est par *décret*, ce que la fameuse thèse VIII des *Thèses sur la philosophie de l'histoire*, veut *vraiment dire*, pour la bonne raison qu'il y a, au cœur de cette thèse, une phrase qui est grammaticalement indécidable. Ce n'est pas là un problème philologique isolé, c'est un apologue à propos de l'œuvre de Benjamin : il n'y a pas de vérité de l'œuvre, il n'y a que des lectures – ce qui n'exclut évidemment pas que certaines puissent être plus rigoureuses ou, inversement, distraites et opportunistes que d'autres. Mais, sur le fond, cette position me conduit à refuser de tenter de départager l'ancien du nouveau, les descendants de Marx et Scholem (Löwy, Bensaïd, Moses…) des technicistes simondoniens (Jean-Louis Déotte, donc). À supposer que Benjamin existe comme un *auteur* et qu'à cet auteur corresponde une *œuvre*, ce qui se discute, l'un comme l'autre n'existe que dans un champ de dispersion borné disons, d'un côté par le nom de Scholem, d'un autre par celui d'Adorno, d'un autre par celui de Brecht, d'un autre par celui d'Asja Lacis, etc. Dans ces conditions, chacun est convié à se repérer topographiquement dans son œuvre en y identifiant des points ou des lieux d'identification en forme de motifs (la fantasmagorie, le petit bossu, le présent comme catastrophe, le passage, Moscou), de noms propres, de reprises – et à y tracer ses propres lignes de lecture sans jamais pouvoir prétendre à revenir à ce que Benjamin a toujours combattu me semble-t-il avec acharnement, dans la figure de l'historien positiviste, la figure du fameux *eigentlich* – dire ce que le passé a été *en vérité*, dire ce que l'œuvre de Benjamin est *en vérité*.

Ceci étant dit, le caractère même du livre de Jean-Louis Déotte, construit en mosaïque, même s'il réveille toujours au fond les mêmes pistes de lecture, le retient de trop succomber à la tentation : ce n'est pas seulement un livre sur Benjamin et la technique, mais aussi sur Benjamin et la ville, Benjamin et la fantasmagorie, Benjamin et l'enfance, Benjamin et la chaussette, etc. Donc un livre qui n'est pas lui-même suffisamment systématique pour nous présenter un Benjamin *systématisé*, ce qui serait aller à l'encontre de toutes les évidences que livre la lecture d'un corpus qui, farouchement, se défend contre le *statut d'œuvre même*. C'est un livre agréable à lire, inattendu, car c'est un livre de *pistes de lecture*. Une flânerie parmi les écrits de Benjamin et non pas le plaquage d'une systématique sur le corpus dispersé des écrits de Benjamin.

JEAN-LOUIS DÉOTTE : Je me suis rendu compte avec le temps, depuis que je fréquente vraiment Benjamin, soit depuis la fin des années 1980 qui ont vu la publication des traductions de textes majeurs comme *Le livre des Passages*[1], les *Écrits français*[2], que mon rapport à son œuvre était distrait, c'est-à-dire non contemplatif, parce que sinon je m'y serais noyé comme le fameux peintre chinois de *L'œuvre d'art à l'époque de sa reproductibilité technique*[3]. Une telle lecture est sensible aux éclats d'un texte, sans chercher à établir la *vérité* de l'œuvre (mais n'y a-t-il pas en général pour un écrit que *des* lectures ? Une dissémination de lectures ?), car elle rompt avec le programme qui avait été celui de Benjamin pour rendre compte de son interprétation des *Affinités électives* de Goethe[4], son premier grand texte critique (le schéma de l'œuvre palimpseste, l'opposition entre le noyau de vérité et la teneur chosale, c'est-à-dire son contexte). Comme le second Benjamin, celui qui suit la découverte de Giedion, déclare ne pas citer des textes à interpréter, mais seulement les exposer, comme on le fait d'objets, j'ai suivi ce principe. Ce qui revient d'un côté à isoler ses fameuses citations sans

---

[1] Walter Benjamin, Paris, capitale du XIXe siècle : le livre des passages, Jean Lacoste (trad.), Paris, Éditions du Cerf, 1989.

[2] Walter Benjamin, *Écrits français*, Paris, Gallimard, 1991.

[3] Walter Benjamin, « L'œuvre d'art à l'époque de sa reproductibilité technique » (dernière version de 1939), in Œuvres III, Maurice de Gandillac (trad.), revue par Rainer Rochlitz, Paris, Gallimard, 2000, p. 269-316.

[4] Johann Wolfgang von Goethe, *Les Affinités électives*, P. Du Colombier (éd.) (trad.), Paris, Gallimard, 1980.

guillemets, c'est-à-dire ses archives qui n'ont pas besoin d'être interprétées, qu'il faut prendre littéralement, comme les documents chez Foucault, et de l'autre ce qui structure le texte sous la forme de rapports, de rapports de rapports.

Quand les experts de l'École de Francfort déclarent que Benjamin n'est pas traduisible, malgré ce que lui-même écrit sur la traduction (*La Tâche du traducteur*[5] : le « bon » traducteur élabore des fragments de la langue de vérité), cela revient à dire au fond que ses textes sont inintelligibles pour tout le monde. Au contraire, si l'on cherche à retrouver l'armature (oserais-je écrire : technique ?) de sa pensée, selon le principe de la quatrième proportionnelle, connaissant trois des termes mis en rapport, il est aisé de caractériser le quatrième. Ainsi, quand il compare le cinéaste, le peintre, le chirurgien et le chaman du point de vue de la pénétration de la chose (le corps, l'œuvre peinte), sachant que le peintre focalisant sur son œuvre manque de s'y perdre (rapport de contemplation), que le chirurgien pénètre avec ses instruments le corps du patient alors que le chaman se borne à le surplomber, on peut déduire que le caméraman pénètre les chairs du collectif. Et que l'appareil qu'il utilise pour cela doit disparaître au moment de la projection du film. Une autre analogie confirme cette déduction : la caméra donne accès à l'inconscient optique de la même manière que la psychanalyse livre l'inconscient psychique. Mais comme il s'agit des chairs du collectif, on peut préciser que l'objet du caméraman, ce n'est pas tant le monde onirique en tant que tel (Kracauer précisera ce point), mais le lieu commun par excellence : le substrat physiologique de la rêverie collective, le kinesthésique, un en deçà des affects.

---

[5] Walter Benjamin, « La Tâche du traducteur », in *Expérience et pauvreté*, Paris, Payot & Rivages, 2011.

On peut continuer notre meccano avec d'autres mises en rapport : voulant lancer un curieux défi à Giedion, il déclare vouloir le dépasser, et là où l'historien de l'architecture a pensé les rapports de l'architecture pré-moderne en termes d'infrastructure *versus* superstructure (construction technique *versus* façade académique), Benjamin propose plutôt le rapport : processus physiologique *versus* rêve. Ce qui est, à première vue, tout à fait déconcertant, et on comprend que les « experts » préfèrent ne pas avoir à traduire. La méthode que j'ai pratiquée a consisté à postuler que chaque fragment du texte benjaminien est structuré séquence après séquence et que l'on doit pouvoir reconstruire la structure profonde, l'armature de la démonstration. Dès lors, une séquence grammaticalement obscure pourra être mise en rapport avec une autre structure séquentielle qui lui donnera sens. C'est le cas de la *Thèse VIII, Sur le concept d'histoire* : la question de l'état d'exception s'entend à partir de l'interprétation de l'événement *déjà vu*. Il faut ici mobiliser une importante thématique, celle du *déjà vu*, ce que j'ai commencé à faire dans *Qu'est-ce qu'un appareil ?*[6] en insistant sur le fait, comme le montre Remo Bodei[7], que si l'humanité a toujours perçu le *déjà vu*, il revient au XIXe siècle de l'avoir conceptualisé. C'est donc un trait d'époque, caractérisant la contemporanéité des singularités vivant dans ce siècle.

Certes, les façades du XIXe siècle, en particulier celles des gigantesques galeries d'exposition, comme le Grand Palais à Paris, n'étaient pas cohérentes avec leur infrastructure industrielle parce qu'elles relevaient du rêve collectif, passéiste et patrimonial de l'époque (autre facteur de contemporanéité). Mais alors, logiquement, le rêve tel que veut le penser

---

[6] Jean-Louis Déotte, *Qu'est-ce qu'un appareil ?*, Paris, L'Harmattan, 2007.
[7] Remo Bodei, *La sensation de déjà vu*, Paris, Seuil, 2007.

Benjamin est l'expression collective des processus physiologiques de la foule en mouvement dans ces galeries. Dès lors, Benjamin a trouvé son angle d'attaque et son objet : le mouvement de la masse comme s'il se produisait au fond d'un aquarium qu'on appelle l'atmosphère. Cette conception du mouvement et la fantasmagorie propre au passage comme monde liquide proviennent du *Paysan de Paris* d'Aragon[8]. Nous n'avons donc pas l'idéologie *versus* les rapports de production, mais une sorte de psychologie des profondeurs (les rêveries collectives de ce siècle), pas très éloignée de celle de Jung, mais ne flirtant pas avec le caractère destinal des mythes originaires. Reste que pour Benjamin, le XIXe siècle entretient avec l'originaire, c'est-à-dire avec la préhistoire (*Urgeschichte*), un rapport de grande proximité, un rapport exemplaire, car alors la fabrique du rêve collectif fut plus tangible que jamais. Si les processus physiologiques sont identiques pour tout le genre humain, il n'en va pas de même pour les rêves qui les ont exprimés. C'est que le XIXe siècle a été généré par d'autres opérateurs de fantasmagorie que les siècles précédents. Ces opérateurs historiques médiatisent les rapports : processus physiologique *versus* rêves. Le passage urbain est l'un de ces opérateurs. C'est dans cet esprit qu'il abordera pour le XXe siècle l'étude sur l'appareil cinématographique. L'un et l'autre sont des appareils *immersifs*, même si par ailleurs l'appareil cinématographique appartient aussi à la série projective (voir plus bas). Car l'un et l'autre configurent la masse qui, dans le même temps, les absorbe selon une logique de la double inclusion. J'ai donc insisté sur cette fabrique de l'urbanisme par l'un et l'autre, en insistant sur la production d'une spatialité nouvelle : l'immersion. C'est la clef de ce que l'on appellera « psychologie des foules »,

---

[8] Louis Aragon, *Le Paysan de Paris*, Paris, Gallimard, 1926.

préalable à l'étude des mouvements totalitaires. Dans ce cadre, des notions comme celles de « prise de conscience », de « critique de la culture », de « subjectivation », etc. n'ont plus de sens.

Je laisse de côté l'opposition entre aura et trace, que j'ai analysée ailleurs, qui serait à reconsidérer du point de vue de l'éloignement *versus* la proximité. Le chaman et le peintre classique sont du côté de l'aura, le caméraman et le chirurgien de la trace.

Dès lors, si Benjamin est un penseur du politique, et pour considérer quelle politique fut la sienne, il faut au préalable reconstituer l'architectonique de l'action. La question du lieu de l'action devient alors incontournable. Dès lors, il faut considérer, à la suite de Simmel par exemple, la question du logement dans ses rapports avec l'espace commun, parce que là aussi le XIXe siècle est au plus près de l'originaire : le logement du « particulier » cher à Louis-Philippe est un étui. Or l'étui est l'enveloppe première de l'humain : la maison. Bien avant H. Lefebvre, qui connaissait peu Benjamin, ce dernier ne pensera pas l'action politique en dehors de la socio-politique de l'espace[9].

ALAIN BROSSAT : Je vais donc me contenter de relever quelques-uns de ces motifs, tels qu'ils émergent au cours de cette promenade, ceci afin de conduire Jean-Louis Déotte, peut-être, à préciser ou expliciter certaines de ses propositions.

Un concept est présenté avec une réelle insistance dans la première partie du livre, celui de *distraction*. Le rapport de la masse moderne (comme foule) à la ville et à l'architecture (il faudrait aussi mobiliser, pour le présent, la notion

---

[9] Jean-Louis Déotte, « La compénétration des espaces chez W. Benjamin », revue en ligne *Appareil*, à paraître.

d'urbanisme, l'enjeu des stratégies urbanistiques du pouvoir en construisant une passerelle entre Benjamin et Henri Lefebvre) est un rapport de distraction. La distraction s'oppose ici à la contemplation mais aussi à l'attention, à la conscience de, etc. Dans ce rapport de distraction, la masse ne perçoit pas l'architecture sur un mode objectal, mais est au contraire absorbée par elle. Les fantasmagories prospèrent sur le terreau de cette imprégnation dans laquelle s'abolit la distinction entre un objet de perception et un sujet perceptif. La foule qui vaque à ses occupations, mais même le flâneur qui dérive à travers la ville en laissant flotter son attention sont des éponges qui absorbent toutes sortes de sensations, d'affects, qui les mettent en relation sur un mode plastique avec tout ce qui constitue le domaine d'appareillage du monde – de la ville en l'occurrence. Mais alors ce qui reste un peu pendant, dans cette analyse, c'est la condition subjective du vivant urbain, aussi bien celle de la masse que celle du flâneur, du poète, du visiteur, etc. Avant de signifier la distraction, le mot *Zerstreuung* exprime la dispersion. *In alle Winde zerstreut* – dispersé à tous vents, aux quatre coins de la terre. Ce qui veut dire que l'état subjectif de la masse, mais aussi bien du passant, de l'oisif qui flâne dans le passage, de la prostituée qui arpente le trottoir, du garçon de course qui vaque à ses occupations n'est pas seulement celui d'un engloutissement par les formes architecturales et la marchandise qui l'entourent, mais aussi celui d'un éclatement perpétuel, perpétuellement renouvelé sous l'effet de la succession des chocs discontinus produits par sa perception d'une réalité urbaine discontinuée, radicalement placée sous le signe de l'hétérogène.

Dans ces conditions, il semblerait que seule une sorte d'inconscient collectif, de transindividualité protoplasmique des profondeurs psychiques collectives puisse faire tenir ensemble ces éclats de subjectivité… Mais qu'est-ce qui persiste alors du sujet, auquel ici, pour faire référence à un autre passage du livre, il ne reste « pas même un nom propre » ? Et si la condition ordinaire du *socius*, dans la ville moderne, est soumise à cet état perpétuel d'éclatement de fragments subjectifs, comment peut-on imaginer la possibilité même d'un passage du social au politique, soit de la masse au public ou bien, dans des contextes plus effervescents, de l'écoulement de la masse sur les trottoirs des boulevards à l'émeute, à la révolution, ce qui suppose bien, dans les deux cas, quelque chose comme la formation d'une subjectivité rassemblée et dotée d'une capacité d'inscrire ses gestes et ses conduites dans un horizon partagé ? Ou pour poser la question sur un mode plus personnel : est-ce que la lecture du *Livre des passages* a dynamité votre cartésianisme des origines, auquel, il y a quelques années encore, si je me rappelle bien, vous vous teniez assez rigoureusement ?

JEAN-LOUIS DÉOTTE : L'étude sur Descartes et en particulier des deux premières *Méditations métaphysiques* m'a permis de montrer que la structure du cogito, soit la coïncidence instantanée de la pensée et de l'existence, reprenait sur un plan philosophique la structure de la démonstration de la perspective par Brunelleschi, à partir de l'analyse de Damisch[10] (la coïncidence du point de vue et du point de fuite).

Or, si comme l'écrit Hegel, la vérité a dès lors reçu une nouvelle assiette (l'évidence), l'instantanéité de ce moment essentiel doit être confirmée par une réalité qui ne disparaîtra pas l'instant d'après. D'où la nécessité de la représentation, laquelle n'est possible que grâce à la production d'appareils projectifs, et du premier d'entre eux : l'appareil perspectif. C'est la raison, me semble-t-il, de l'immense production

[10] Hubert Damisch, *L'Origine de la perspective*, Paris, Flammarion, 1993.

picturale et sculpturale qui va accompagner la Renaissance italienne[11].

J'ai esquissé, à partir de là, la succession des appareils qui avaient en commun une base commune : l'écriture projective (voir plus bas). De ce point de vue, l'appareil cinématographique réalise la synthèse (et l'analyse) de ces appareils projectifs (*camera obscura*, perspective, musée, photographie, psychanalyse) dans la mesure où il consiste en un montage (démontage) d'appareils. C'est Benjamin qui a le mieux compris cet aspect essentiel :

Le cinéma : démêlement (résultat ?) de toutes les formes de vision, de tous les rythmes et de tous les temps préformés dans les machines actuelles, de telle sorte que tous les problèmes de l'art actuel ne peuvent trouver leur formulation définitive qu'en corrélation avec le film.[12]

Si tous ces appareils parlent la même « langue » parce qu'ils sont tous projectifs, alors l'action politique sera d'essence représentative, à la différence de l'action politique dans les démocraties grecques ou dans la république romaine. C'est la difficulté centrale que rencontre Machiavel dans son *Discours sur la première décade de Tite Live*[13].

ALAIN BROSSAT : Un second enjeu de taille du livre est, me semble-t-il, la mise en perspective de la notion de *fantasmagorie*. Dans le *Livre des passages*, rappelles-tu, la fantasmagorie ne renvoie pas à un modèle explicatif, mais au contraire à un double parti, descriptif et analytique – en analysant des opérateurs de fantasmagorie, on va tenter de montrer, de l'intérieur plutôt que par une approche objecti-

---

[11] Jean-Louis Déotte, *L'époque de l'appareil perspectif. Brunelleschi, Machiavel, Descartes*, Paris, L'Harmattan, 2001.

[12] Walter Benjamin, *Paris, capitale du XIXe siècle*, p. 412.

[13] Machiavel, *Discours sur la première décade de Tite-Live*, Paris, Flammarion, 1985.

viste, « scientifique », *comment ça marche*, c'est-à-dire comment la marchandise, le capital exerce ses séductions sur la masse, le passant, le consommateur… Soit dit en passant, ce choix en faveur du comment plutôt que du pourquoi est un point sur lequel le geste philosophique de Benjamin se rapproche de celui du Foucault de la généalogie et de l'archéologie – une affinité élective que ne peuvent comprendre que ceux qui ne lisent pas Foucault à charge – comme vous le faites, vous, constamment. Mais passons… Comme vous le montrez bien, la fantasmagorie, les fantasmagories, c'est le rêve éveillé de celui qui chemine dans les espaces enchantés du capital, de la ville architecturée, des rues, des galeries, des grands magasins à la fin du XIXe et dans la première moitié du XXe, des centres commerciaux aujourd'hui (il y aurait une thèse à faire aujourd'hui sur la figure du *mall* dans le cinéma américain contemporain, je pense à Romero, par exemple) et qui, de la sorte, est absorbé par une sorte d'inconscient collectif, qui est indistinctement celui de la masse et du capital lui-même. L'habitant de la planète marchandise ou capital, dans cette perspective, est moins *aliéné* (*verfremdet*, *entfremdet*), c'est-à-dire littéralement soumis à une puissance étrangère, arraché à son moi originel ou son propre par cette puissance, qu'*onirisé*, dirais-je, si l'on veut bien accepter ce redoutable néologisme, et c'est évidemment là que l'on rencontre la question du cinéma, « un appareil configurant si profondément l'expérience et la connaissance qu'il a le statut d'*inconscient même* pour Benjamin », comme vous l'écrivez si justement – une chose dont Edgar Morin a également eu l'intuition dès les années 1950. Ce qui a pour effet, si l'on aborde la question sous l'angle ontologique, que le capital n'est pas une machine à produire de l'illusion, à recouvrir la réalité de couches toujours plus épaisses d'illusion pour nous détourner de la réalité vraie (les plus crasses des marxistes scolastiques iront jusqu'à dire *la réalité concrète*), ce qui fait qu'au contraire le capital est d'emblée une machine à produire des sujets onirisés (il n'en est pas d'autres sous son règne), et donc une réalité enchantée. Toute réalité du capital est « enchantée », c'est-à-dire, si l'on suit bien le Benjamin de la fantasmagorie, indistincte du rêve. Le problème n'est donc pas tellement pour nous qui aspirons à être moins gouvernés par le capital, voire à ne pas l'être du tout, de rejeter cette emprise pour revenir à une supposée réalité vraie qui, à vrai dire, n'existe pas, qui n'est que le revers du fantasme, mais plutôt de tenter de détourner, infecter, etc. le grand rêve du capital et d'infléchir constamment notre condition de sujets oniriques (de protagonistes du grand rêve collectif). Non pas de reprendre pied dans la réalité vraie qui est la rêverie inconsistante par excellence des essentialistes, mais d'apprendre à rêver autrement, à donner une autre destination à notre condition de rêveurs – ce que fait le collectionneur qui « détourne » le rêve du capital, mais aussi bien Blanqui dont le texte sur *L'Éternité par les astres*[14] montre bien qu'il est le rêveur par excellence – mais dont l'énergie onirique s'est portée sur des objets un peu moins futiles que ceux que proposent les vitrines et les boutiques des passages – la prise d'armes, la belle insurrection armée.

Cette approche de l'enveloppement ou l'investissement de nos existences par le capital (séduction, donc, autant que domination, sur ce point, Baudrillard n'est pas si con) est ce qui permet à Benjamin de donner au mot fantasmagorie un sens extraordinairement ambivalent. Nous sommes sous l'emprise des fantasmagories, mais cette emprise, c'est notre vie. Le flâneur, le visiteur du musée, le spectateur dans la salle de cinéma, le consommateur qui hante le grand magasin

---

[14] Auguste Blanqui, *L'Éternité par les astres*, Paris, Slatkine, 1996.

et la galerie marchande sont, par définition, des figures ambiguës. Ils subissent les conditions du capital, des stratégies commerciales, des industries culturelles, mais le rêve éveillé dans lequel les plonge cette emprise est leur *milieu de vie*, le seul terreau sur lequel puissent surgir des pensées dissidentes, des contre-conduites. C'est l'ambivalence constitutive du cinéma que Benjamin a d'emblée détectée : une machine à abrutir et infantiliser le public, comme l'ont dit depuis le début ses détracteurs, mais aussi bien un formidable terrain d'expérimentation pour la pensée en général et de pensées en quête d'un dehors (par opposition à l'extérieur, qui n'existe pas) de cette « domination » (mais on touche ici les limites du terme domination qui suppose la séparation de ce qui domine et de ce qui est dominé) – or, le problème est précisément, ici, celui de la non-séparation – parlons donc plutôt d'emprise, d'investissement, d'infiltration, de capture – l'envoûteur et l'envoûté deviennent rapidement indissociables et emportés par un même rêve éveillé.

Comme vous le dites très bien, p. 60, le mot fantasmagorie, dans son ambivalence même, est ce qui, en s'opposant à la notion d'idéologie, permet à Benjamin de creuser la distance avec le marxisme scolastique. Ce n'est pas un hasard si, dans les usages du marxisme scolastique, la notion d'idéologie a un sens tout entier péjoratif, c'est l'indice probant de la fatale *simplification* que récuse Benjamin en laissant flotter, lui, le mot fantasmagorie. L'idéologie, en effet, c'est la fausse connaissance, la perception faussée de la réalité, découlant directement des jeux de forces et des intérêts économiques et sociaux. L'idéologie est un produit et elle est instrumentale, elle est indissociable des calculs et des stratégies et elle trouve sa place dans un édifice où la superstructure *résulte* de l'infrastructure, en est la conséquence et la représentation aliénée. Benjamin, en rompant avec cette notion, dans le *Livre des passages*, dans la partie « baudelairienne » de son œuvre, du moins, (quand il est brechtien, c'est une autre affaire...), met le doigt sur ce qui constitue le pont-aux-ânes du marxisme scolastique : la théorie de la détermination de la superstructure par l'infrastructure, comme si l'on pouvait distinguer le statut ontologique d'une réalité vraie, matérielle, solide constituant le fondement objectif de la vie vécue des humains et une fausse réalité faite d'idées, de croyances, de discours qui en constituerait la représentation fallacieuse, agencée aux fins de reproduction de la domination. Un rideau de fumée devant la « réalité vraie ». Comme si l'architecture métallique de la fin du XIXe et les grands travaux de Haussmann n'étaient pas d'emblée un amalgame de fonte et de rêve, c'est-à-dire quelque chose qui ne se décrit bien que dans la langue de la fantasmagorie...

En ce sens, donc, quand vous écrivez justement que « les rapports entre infrastructure matérielle et superstructure "idéologique" sont d'*expression* et non de *causalité* », on pourrait même radicaliser la proposition jusqu'à récuser la sacro-sainte (ré)partition en infra- et superstructure. Qu'est-ce que la tour Eiffel, en effet ? Un édifice métallique mobilisant tant de milliers de tonnes de fonte, ou le grand rêve d'érection du capital, un glorieux phallus d'acier ? L'un comme l'autre, pas l'un sans l'autre, évidemment.

La question de l'inconscient collectif, très discutée dans « les années 68 », mais pas à propos de Benjamin, que nous ne connaissions pas, à propos de Reich et Marcuse, c'est-à-dire de l'inconscient collectif fasciste de la masse, du rapport entre la répression de la sexualité par les dispositifs moraux, familiaux, religieux de la bourgeoisie *et* l'exutoire constitué par la désublimation répressive proposée par les mouvements fascistes. Ensuite, la montée des différentes orthodoxies analytiques a radicalement discrédité ce syntagme, ce concept – à chacun son ics, point barre ! Une discussion à reprendre, à la lumière de Benjamin et Simondon ?

JEAN-LOUIS DÉOTTE : C'est parce que Benjamin n'est pas marxiste (car, en vérité, qu'a-t-il lu de Marx ?) que l'on peut suggérer qu'il développe une théorie de la culture bien différente. C'est ce que j'avais découvert dans sa lecture et sa présentation de l'œuvre d'E. Fuchs, collectionneur et historien (voir *L'Homme de verre. Esthétiques benjaminiennes*, 1999[15]). Dans cette étude, il se livre à une critique de la conception sociale-démocrate de l'histoire, étude qu'il parachèvera dans les *Thèses*. Mais je pensais encore à cette époque qu'il fallait l'aborder par la « philosophie » de l'histoire, comme le faisait F. Proust (*L'Histoire à contretemps*, 1994[16]). Une expression résumait sa pensée : l'histoire peut se retourner comme un gant. J'en concluais à la réversibilité des enchaînements historiques, au « messianisme sans messie » selon Derrida, à l'irruption de l'improbable. Or, depuis, j'ai appris à lire Benjamin en respectant la lettre de ses expressions, sage précepte élaboré par Berman à propos de sa conception de la traduction.

On peut de là tirer deux conséquences, dont la portée est fondamentale :

1. Si l'on prend l'expression au pied de la lettre, l'essentiel ce n'est plus la théorie de l'événement, mais l'*espace* du gant. L'histoire s'enroule et se déroule, fait des plis et des déplis,

---

[15] Jean-Louis Déotte, *L'Homme de verre : esthétiques benjaminiennes*, Paris, L'Harmattan, 1999.

[16] Françoise Proust, *L'Histoire à contretemps : le temps historique chez Walter Benjamin*, Paris, Éditions du Cerf, 1994.

comme la fameuse chaussette d'*Enfance berlinoise (Armoires)*[17] dont Benjamin explore les états : en boule, sous la forme d'une bourse, c'est la forme, ou déployée, prête à l'usage, c'est le contenu, ou ce qui réunit à l'identique ces deux états physiques : c'est le nom *chaussette.*

Nous sommes à l'évidence dans un espace topologique, comme l'est la bouteille de Klein. Dès lors, les métamorphoses que connaît la chose font disparaître la distinction forme/contenu ou forme/matière. C'est encore plus évident à l'époque de ce que Lyotard appelait *Immatériaux*, quand formes et matériaux sont de même « nature » : le langage formel.

2. D'autre part, une conception renversante de l'histoire. L'exemple fameux est celui d'un genre artistique (*Origine du drame baroque*[18]), ce qu'il appelle par ailleurs *status* : la réalité culturelle par excellence, prise à la fois dans le flux du devenir, mais qui, parce qu'elle s'enroule perpétuellement sur elle-même comme un tourbillon, persiste en n'étant pas entraînée par le courant. Benjamin résout la contradiction : certes écrit-il, il y a bien une histoire socio-politique dans laquelle les hommes sont entraînés, mais il y a aussi des genres et des appareils qui coexistent et persistent dans l'être depuis leur surgissement. Ce qui permet d'affirmer que, genres et appareils, ont pu surgir successivement à tel ou tel moment du devenir, mais une fois qu'ils ont été mis à flot, ils demeurent dans la coexistence. Dans ce monde du développement-enveloppement, un appareil ancien peut toujours englober un

---

17 Walter Benjamin, « Enfance berlinoise », in *Sens unique*, J. Lacoste (trad.), Paris, M. Nadeau, 1988.

18 Walter Benjamin, *Origine du drame baroque allemand*, Paris, Flammarion, 1985.

plus récent, ce qui complique évidemment la question de la contemporanéité…

Une telle conception, topologique, de la culture ne peut avoir de sens dans une problématique hégéliano-marxiste de l'histoire et donc de la dialectique. Il faudra reprendre à nouveaux frais l'usage benjaminien de la notion de dialectique (« image dialectique », « dialectique au repos », etc.).

ALAIN BROSSAT : Cela ne surprendra personne, la notion d'appareil parcourt l'ensemble de l'essai. Au début, l'accent est porté sur le fait que l'architecture est un élément fondamental, si ce n'est l'élément constitutif, de l'appareillage de la ville. « C'est Benjamin qui aura le mieux compris que la ville n'existe pas en soi […], parce qu'elle est toujours appareillée » (p. 35). Mais l'appareillage ne se manifeste pas seulement du côté des *conditions de…* (la veine kantienne de la théorie déottienne des appareils), des conditions de la perception, des déplacements dans l'espace urbain. Il passe aussi du côté de l'actif en entrant en composition dans les formations subjectives. Je relève cette formule : « le flâneur *apparie* de l'hétérogène », et la capacité d'apparier suppose l'appareillage de celui qui apparie l'hétérogène ; l'appareillage donc, en ce sens, c'est tout autre chose que les déterminations au sens que le marxisme scolastique donne à ce terme. Il suppose la constitution de sujets appareillés/appareillants qui ne vont pas se contenter de rêver ou de fantasmer (*fantasmagoriser*, plutôt, si l'on veut marquer l'écart avec la théorie freudienne du fantasme) la ville, mais la peupler de leurs conduites et de leurs actions. Comme je le disais plus haut et jinsiste, Blanqui est un rêveur du XIXe siècle de Benjamin au même titre que le flâneur, la prostituée et le poète – et Dieu sait pourtant s'il est bien du côté de *l'action*. Il n'y a pas d'un côté des appareils qui imposeraient des conditions en amont ou dans le dos des sujets et de l'autre des sujets qui subiraient ces conditions et devraient s'y adapter, il y a cette capacité spécifique des appareils à *faire époque* sur un mode tel que l'extériorité supposée des conditions générales ne peut plus être dissociée de l'intériorité des sujets.

Et c'est évidemment là que l'image de la chaussette tend à devenir une métaphore de notre condition générale à l'époque des appareils. Nous sommes tous des paires de chaussettes retournées sur elles-mêmes parce que, comme sujets, nous sommes d'emblée, *aussi*, la totalité de ces « conditions » qui font de nous les contemporains de notre époque. Après les blessures narcissiques successives que nous ont infligées le darwinisme, la psychanalyse, la théorie de la relativité, le structuralisme, que sais-je encore, nous étions devenus des sujets troués, descellés, destitués, jetés là, décentrés, etc. Avec Déotte, lecteur des souvenirs d'enfance de Benjamin, cette déchéance du sujet-roi atteint son paroxysme, avec ce devenir-chaussette ou plutôt paire de chaussette retournée sur elle-même, c'est-à-dire vouée à l'abandon le plus rigoureux – songez à l'emploi du mot chaussette dans les expressions courantes : « il s'en soucie comme de sa première paire de chaussettes », « il m'a laissé tomber comme une vieille paire de chaussettes ! ».

Je plaisante, mais il me semble que sur ce point, la lecture scrupuleuse de ces textes de Benjamin souvent considérés comme anecdotiques ouvre la voie à une critique radicale et très féconde des approches psychologisantes de l'intériorité. Il faudrait aller plus loin dans cette direction en montrant que l'intériorité n'est pas ici ce qui s'oppose à l'extériorité, que, pas davantage, l'intérieur et l'extérieur n'entretiennent des relations *dialectiques*, que ce n'est pas non plus simplement un enjeu de porosité, comme dans le cas de la membrane chère à Philippe Roy, mais que tout se joue, topographiquement, dans la figure d'un *enroulement, d'une torsion insensible* dont l'effet est que l'intérieur enchaîne sur l'extérieur et réciproquement. Mais alors, il faudrait être mathématicien pour parler savamment des parentés topologiques du ruban de Moebius et de la paire de chaussettes benjamino-déottienne.

Mais une fois que l'on a relevé cela, tout ne s'est pas éclairci pour autant. Le lecteur attentif du livre et d'autres écrits de Jean-Louis Déotte aura compris que pour lui le passage, le cinéma sont des appareils constitutifs de l'époque, notre époque. D'où l'importance d'une lecture conjointe et du Benjamin du *Passagenwerk*[19] et du livre de Kracauer *Théorie du film*[20]. Ce n'est donc pas un seul appareil qui fait époque, mais une pluralité ou une conjonction d'appareils, mais sur ce point, l'argumentation devient un peu flottante. On relève, au tout début du livre, cette formule : « C'est le passage urbain qui, au XIXe siècle est la pièce *essentielle* [je souligne] de la configuration de la fantasmagorie *originaire* [je souligne] dont nous héritons », et un peu plus loin celle-ci : « S'il y a aujourd'hui une crise de la ville, une crise de l'urbanisme, c'est que plus aucun appareil n'arrive à s'imposer aux autres ».

Il semble donc qu'il y ait concurrence, voire guerre entre les différents appareils qui définissent les conditions d'une époque, lutte pour l'hégémonie. Et sur ce point, nous aimerions en savoir davantage. Lorsqu'on referme le livre, on a bien compris que tout dispositif technique n'a pas vocation à devenir un appareil, de la même façon que tout ce que les journaux appellent « révolution » n'a pas vocation à inscrire la trace d'un événement, mais on ne sait plus très bien dans

---

19 Walter Benjamin, *Passagen-Werk*, Frankfurt am Main, Suhrkamp, 1983.

20 Siegfried Kracauer, *Théorie du film. La rédemption de la réalité matérielle*, Paris, Flammarion, 2010.

quel temps des appareils nous sommes. L'âge de la cybernétique dans lequel nous sommes plongés ne se décrit-il pas comme « époque », l'ordinateur n'est-il qu'un avatar technique dans la topographie d'une modernité dont les conditions demeureraient, fondamentalement, baudelairiennes ? – sur ce point, il me semble que l'essai demeure en suspens.

JEAN-LOUIS DÉOTTE : Il faut effectivement établir des distinctions. Les appareils, appelons-les « modernes », que j'ai étudiés en particulier dans *L'époque des appareils*[21], de la *camera obscura* à la vidéo, ont en commun d'avoir une base d'écriture : l'écriture projective. Depuis ses débuts au XVe siècle, à Florence, du fait d'architectes et de peintres qui avaient des compétences universelles (voir Léonard de Vinci), l'écriture projective s'est imposée et mondialisée et a renouvelé la science (Galilée, Newton, etc.). Sa caractéristique essentielle est la suivante : la surface d'inscription des signes, et en art le support du dessin, est topologique au sens où, entre les signes (ou traces) et la chose supposée désignée, il y a un rapport de continuité *et* de transformation. Ainsi, l'ovale que je dessine sur le plan transparent du tableau peut-il désigner une chose ronde que je vois là-bas, à travers le plan qui est comme une vitre. C'est la raison pour laquelle la relation entre le signe et la chose est dite en art « imitative » ou « représentative ». L'esthétique qui s'est imposée et qui a régné dans les académies était donc mimétique, et ce jusqu'aux avant-gardes. Mais il y a bien des manières de représenter, parce qu'il y a différents appareils projectifs et même au sein de l'appareil perspectif, plusieurs manières de construire le géométral.

[21] Jean-Louis Déotte, *L'époque des appareils*, Paris, Lignes-Léo Scheer, 2004.

Jonathan Crary dans *L'art de l'observateur* (1990-1994)[22] décrit le stéréoscope, fort en usage au XIXe siècle, appareil permettant grâce à deux miroirs orthogonaux de voir deux images légèrement dissemblables du même objet. Le peintre Courbet aurait pu l'utiliser pour certaines toiles, dont la fameuse *Rencontre*, ce qui permettrait de rendre compte de la frontalité de ses peintures et d'une organisation en espaces disjoints. L'axonométrie est par exemple projective, mais ignore le point de fuite. Donc, elle ne privilégie plus le subjectivisme inhérent à la perspective classique. Or, le monde architectural contemporain de Benjamin, et qu'il aimait, c'est celui qui privilégie l'axonométrie : les maisons blanches d'Ibiza, Le Corbusier, le Bauhaus. C'est une des raisons de son refus de la notion de sujet qui font que le sujet ne peut être un acteur politique.

Nous entrons très rapidement actuellement dans une nouvelle ère de l'écriture, non plus projective, mais numérique. En apparence, les résultats sont les mêmes : c'est que les « anciens » appareils projectifs ont été absorbés, miniaturisés, complexifiés, reconfigurés et synthétisés. Nous allons vers un appareil unique qui travaillera indifféremment avec les sons, les images, les textes, etc., réduits à des data : la discrétisation. Une image numérique n'est rien d'autre qu'un très long « texte », une suite d'énoncés invocalisables et qui n'appartient pas au visible. Il n'y a donc plus continuité, et donc plus de rapport topologique, entre ce que je vois sur l'écran numérique et la supposée chose qui sert de référence, car entre eux, il y a ces pages de programmes. Le modèle explicatif et productif de la photographie n'est plus l'optique et la chimie, mais un processus technique qui s'apparente

---

[22] Jonathan Crary, *L'art de l'observateur : vision et modernité au XIXe siècle*, Nîmes, J. Chambon, 1994.

plus au radar (voir *Critique de l'image de synthèse*, M. Porchet[23]). Il n'est même pas évident qu'on puisse encore parler de traces s'inscrivant sur un support : dès lors la notion d'appareil est peut-être dépassée (voir la présentation du colloque : « L'espace et l'architecture. État des lieux »[24]).

Ce qui peut nous importer le plus sur le plan de l'action, c'est que du « temps » de l'ère projective, on pouvait faire des projets, car les dessins sur une feuille étaient aussi des desseins : les traits annonçaient un monde, peut-être inexistant, mais possible. Il y avait une différence ontologique entre l'être et le devoir-être (les idéalités kantiennes), ce qui permettait de fonder l'éthique. Il y avait des utopies. Or, rien de tel déjà chez Benjamin : c'est l'indice qu'on est en train de passer d'une ère de l'écriture à une autre. Dans son monde de la fantasmagorie, il n'y a pas de place pour l'utopie.

C'est alors la trace, si l'on peut encore parler de trace, qui a changé de nature : elle est devenue un datum, c'est-à-dire une information que l'on a acheté à crédit pour agir immédiatement. Notre rapport au temps est sous la détermination de l'effectivité : un programme est écrit pour générer sans autre médiation que les ordinateurs, logiciels, langages, interfaces nécessaires un monde enrichi de tout l'apport des techno-sciences. Un monde où la distinction entre forme et matière ne sera plus pertinente puisque les matériaux eux-mêmes seront de part en part artificiels, générés par du code, ce que Lyotard appelait « Immatériaux ». Quand les architectes d'aujourd'hui décrivent les productions de cette architecture « non standard », ils baignent dans une nouvelle et véritable fantasmagorie. Celle d'un monde où la nature

---

[23] Michel Porchet, *La production industrielle de l'image : critique de l'image de synthèse*, Paris, L'Harmattan, 2002.

[24] Jean-Louis Déotte, « L'espace et l'architecture : état des lieux », revue en ligne Appareil, 2013.

n'apporte plus de limites, étant de part en part connue, et où il n'y a plus de lutte des classes entre les architectes-programmateurs et les ouvriers du chantier… Dès lors, j'opposerai projet et programme, idéalité et effectivité. L'idéalité d'une idéologie politique, toujours inachevée, et le programme d'un parti totalitaire, sans restes. Nous sommes, me semble-t-il, les contemporains de ces derniers.

ALAIN BROSSAT : Une question sur laquelle il tranche, en revanche, et contre Agamben, c'est celui du contemporain, de la contemporanéité. À la page 75, on a cette formule lapidaire et péremptoire : « Si chaque appareil fait époque et fait monde, c'est lui qui rend les hommes contemporains ». Formule problématique, car on ne voit pas comment *chaque appareil*, c'est-à-dire un appareil singulier pourrait faire époque à lui seul s'il est en même temps en lutte ou en concurrence (« n'arrive pas à s'imposer ») avec d'autres… Par ailleurs, cette définition abrupte du contemporain en tant qu'*assigné* à l'appareil-qui-fait-époque me semble régresser par rapport à d'autres que j'ai mentionnées plus haut et où étaient mises en exergue la question de la subjectivation du présent – le flâneur, en « appariant » de l'hétérogène, *active* l'appareillage et ouvre un espace dans lequel sa liberté est en question.

JEAN-LOUIS DÉOTTE : Si un appareil est ce qui configure la sensibilité commune (c'est la première thèse de « *L'œuvre d'art à l'époque de sa reproductibilité technique* » de Benjamin[25], à propos des époques de la sensibilité où il est question de l'appareillage cinématographique et de son impact sur l'époque), on peut conclure qu'il fait monde comme le musée l'avait fait pour le XIXe siècle (Benjamin citant Giedion) ou le baroque pour le XVIIe siècle (voir le château de

---

25 Walter Benjamin, « *L'œuvre d'art à l'époque de sa reproductibilité technique* ».

Versailles selon le même Giedion). Ce qui entraîne à chaque fois une autre définition de la temporalité.

C'est la raison pour laquelle nous sommes des contemporains, dans une passivité immédiate. Quand Agamben dans *Qu'est-ce qu'un dispositif ?*[26] réduit la contemporanéité des singularités à la ressemblance des rapports critiques que ces dernières entretiennent avec leur présent, il confond contemporanéité et *simultanéité*. Et ce d'une manière parfaitement élitiste, parce que la critique est plutôt l'affaire des clercs. Si nous n'avons pas, de fait, choisi d'être des contemporains, nous pouvons agir dans la simultanéité, sur la même scène politique, dans l'entre-expression des singularités, nous pouvons choisir d'intervenir dans le même temps sur un même objet. Et ce faisant, nous pouvons constituer ce que Nancy, dans la continuation d'Arendt, appelle communauté.

ALAIN BROSSAT : Il me semble que l'on ne peut pas statuer si facilement sur le contemporain sans le mettre en relation avec le présent et l'actuel, c'est-à-dire sur ce qui met en relation des conditions générales avec la possibilité pour nousde prendre des positions sur ce qui compte dans le présent – définit les conditions d'une actualité. La formule abrupte de Jean-Louis Déotte laisse totalement de côté la question de savoir comment s'agence l'une sur l'autre notre condition de subjectivité appareillée et notre vocation critique face au présent – l'autre volet du message kantien. On rejoint là un problème récurrent dans la présentation par Jean-Louis Déotte de sa théorie des appareils : la tentation perpétuelle de la liquidation de la politique. Autant je serai d'accord avec lui pour dire que la dépréciation de la technique *en général* n'est pas le meilleur des biais pour rétablir les droits de la politique, autant il me semble

---

[26] Giorgio Agamben, *Qu'est-ce qu'un dispositif ?*, Martin Rueff (trad.), Paris, Payot & Rivages, 2007.

qu'une certaine systématicité de la théorie des appareils tend à rendre indistinct l'espace dans lequel la politique, constamment mise à mal par le biopouvoir contemporain, est appelée à se reconstituer. Je ne veux pas du tout dire qu'il s'agirait de défendre bec et ongles une théorie de l'immunité ou de l'intégrité du sujet politique face aux appareils, mais de penser la possibilité envers et contre tout d'une politique, dans le *milieu* même des appareils. Or, pour aller dans ce sens, il faut opérer un déplacement décisif et volontariste par rapport à la formule de référence – je suis peut-être bien, en première instance, le contemporain de ceux qui voient les mêmes films que moi et sont soumis aux mêmes opérateurs de fantasmagories que moi, mais, au bout du compte, mes vrais contemporains sont ceux avec lesquels je partage une certaine approche de l'actuel, des convictions, des positions, des actions politiques. Si l'on ne dit pas cela, on dit au fond que ce qui fait de nous des contemporains, c'est le seul partage de l'inconscient collectif du capital, notre seule condition commune de rêveurs veillés. De zombies, en quelque sorte avançant dans les rues de la ville en somnambules, comme les morts-vivants des films de George Romero. En sommes-nous vraiment là ?

JEAN-LOUIS DÉOTTE : Je suis d'accord pour dire que la politique n'a de sens qu'au milieu des appareils, ou que les appareils en constituent le milieu. Mais quelles sont les conditions de notre présent, ce que Benjamin appelait « Maintenant de la connaissabilité » ? L'exemple du cinéma de Romero vient à point nommé. Qu'attendaient Benjamin-Kracauer d'un cinéma, dont nous serions immanquablement les contemporains, pour qu'il n'appartienne pas qu'à l'esthétisation du politique, un cinéma qui au fond ne consisterait que dans l'exposition simple des processus kinesthésiques ? L'*étrangéisation* de la réalité visible (terme que Kracauer reprend à Brecht), c'est-à-dire pour reprendre l'exemple proustien de la grand-mère de l'auteur saisie comme par effraction dans son intimité comme par une photographie, une sorte d'arrêt sur l'image révélant la réalité plus que ne le ferait la simple perception vécue ou le souvenir lui-même (Kracauer : *Théorie du film*). Dans le cas de Proust : la très vieille femme qu'elle était devenue alors qu'il conservait l'image de la mémoire affectueuse d'une tout autre personne. C'est un exemple cardinal pour Kracauer qui y revient plusieurs fois, même dans son ouvrage sur l'histoire.

Or, ce qui nous entraîne tous aujourd'hui, ce qui nous destine au sens fort, qui nous oblige comme une loi éthique, beaucoup plus que n'aurait pu le faire tel ou tel appareil du passé, cinéma compris, c'est le despotisme de la communication : ainsi les photographies numériques ne sont-elles plus destinées, après encadrement, à commémorer les souvenirs des êtres chers, mais à circuler indéfiniment sur internet. La question de savoir si ces images sont indicielles ou iconiques ne se pose plus guère, tant elles sont prises dans des flux qui n'offrent d'autres prises que celles, fugaces, de l'immersion.

La plus petite manifestation publique est aujourd'hui surexposée par la multiplication des prises de vue par téléphone cellulaire : c'est notre contemporanéité. S'il y a une émeute, au lieu de voir des poings levés, des portables sont dressés pour communiquer l'événement, tout en adressant le message suivant à la communauté virtuelle : « j'y étais ». Il y a donc là une indéniable simultanéité : la conjugaison de l'être ensemble et du moment. Un appareil photo, c'est déjà aujourd'hui un petit terminal de communication audio-vidéo. Les analyses qui permirent à Benjamin de montrer la possibilité d'un renversement entre *être testé* (par exemple par la caméra) et retournement volontaire du test sur soi-même pour livrer à la multitude les meilleures apparences de soi-même (politisation de l'esthétique), ne donnèrent lieu qu'à des expérimentations marginales (voir après-guerre le Groupe Medvedkine). Or, il faut bien admettre qu'avec l'introduction de la 3D, les films deviennent de plus en plus spectraux (voir W. Wenders, *Pina*, en mémoire de Pina Bausch) et donnent ainsi raison à Derrida (entretien avec *Les Cahiers du cinéma*[27]). La question devient alors, et elle est politique et esthétique : peut-il y avoir une étrangéisation de la spectralité générale ?

---

[27] Jacques Derrida, « Le cinéma et ses fantômes », in *Les Cahiers du cinéma*, n° 534, 1999.

TROISIÈME PARTIE

Le cinéma comme appareil de déviance (N. Philibert)

*J.-L. Déotte**

N. Philibert a travaillé avec R. Allio pour le tournage de *Moi, Pierre Rivière qui ai égorgé ma mère, mon frère, ma sœur* (1976) et revient dans *Retour en Normandie* (2007) sur les lieux du tournage pour retrouver les acteurs. Tous sont présents, sauf Claude Hébert qui avait joué le rôle de Pierre Rivière et qui reste énigmatiquement absent.

Il n'a pas été possible de tourner sur les lieux mêmes de la famille Rivière, mais un peu plus loin, toujours aux confins de l'Orne et du Calvados.

C'est une région de bocage, de fortes traditions paysannes, apparemment, mais seulement apparemment, ouvertes à l'étranger. Pour le Cotentin, les habitants de la presqu'île ont forgé le terme de *horsain* pour dire cette altérité irréductible.

C'est dire que l'arrivée de l'équipe d'Allio a dû susciter beaucoup de méfiance, l'équipe a dû démarcher de ferme en ferme pour contacter les acteurs, en particulier les jeunes filles soumises à l'autorité parentale. C'est pour cette raison que leur témoignage est exceptionnel : là où il y avait de

* *Philosophie et cinéma*, ouvr. coll. sous la direction de J.-L. Déotte, 2011.

fortes probabilités pour que les uns et les autres n'échappent pas au schéma de la reproduction sociale au sens de Bourdieu, l'irruption de l'appareil cinématographique au sens large, pas seulement l'objet technique (la caméra considérée dans son individualité), mais l'ensemble technique : l'équipe venue de Paris, le chariot du travelling et ses rails, la grue, les projecteurs, en amont la production et le synopsis, en aval, toute la distribution, la communication, bref tout cela a généré un milieu associé nouveau, ce que Benjamin appelle un collectif.

Je voudrais m'arrêter sur ce milieu associé (les acteurs du film d'Allio, aussi bien que les spectateurs) qui déborde largement l'application d'un appareil à un milieu social « immédiat ». J'entends par appareil bien plus qu'un dispositif qui, selon Foucault ou Agamben, ne lierait que les séries du pouvoir et du savoir, l'exemple princeps étant celui du *panopticon* de *Surveiller et punir*. L'appareil est plus que le dispositif technique, car c'est ce qui va configurer l'apparition de l'apparaître et pour cela va faire époque. Un exemple simple : l'« outil visuel » qu'utilise Buren, à savoir l'alternance de bandes horizontales blanches et noires comme au Palais Royal à Paris, de couleurs ailleurs, cet outil est un appareil parce qu'il fait surgir du spectacle urbain ce que l'on n'avait jamais observé attentivement : tel ou tel édifice, en l'occurrence, le Palais Royal, un des lieux les plus complexes de Paris. Ou à l'intérieur d'un musée, l'ensemble des cadres de tableau et des cimaises dont la fonction de suspension, est certes de s'effacer devant l'œuvre, mais, qui, comme à Reims, peuvent être eux-mêmes mis en exergue comme ce qui mettait en valeur la peinture, etc. L'appareil rend visible ce qui sans lui aurait disparu dans un flux de perception, selon la formule de K. Fiedler le maître de P. Klee. L'appareil est anti-bergsonien, et pour une autre raison aussi : c'est qu'il est nécessairement technique (ici l'alternance minimale des couleurs sur des bandes de 8,7 cm chacune).

J'emprunte les termes de « milieu naturel ou milieu immédiat » et « milieu associé » à Simondon, mais il est évident que dans le cas qui nous intéresse, le milieu paysan bocager bas-normand n'a rien de naturel, c'est déjà un milieu associé, du fait de l'intervention antérieure d'autres appareils comme le récit qui transmet la tradition païenne ou comme l'Église qui fabrique un corps d'inclusion christique à partir de la Révélation. *Retour en Normandie* porte témoignage du fait que l'irruption de l'appareil cinématographique à un certain moment historique en un certain lieu géographique et social a introduit une déviance dans l'état antérieur du milieu. C'est que les appareils antérieurs, narratifs ou d'incorporation christique, avaient introduit selon leur mode des temporalités spécifiques, idéalement l'attente du Jugement dernier pour les Chrétiens par exemple, et que ces temporalités enchâssées les unes dans les autres, déterminaient les communautés paysannes selon la figure du destin, et déjà du destin social. Le témoignage des acteurs de Philibert est à ce titre révélateur : les uns et les autres se destinaient à occuper le rôle social qui les attendait, de tous temps, comme les paysans béarnais décrits par Bourdieu. La scène d'ouverture est cohérente avec cette succession de ruptures, l'éleveur brutalise un porcelet tout juste mis à bât, mais c'est pour le faire sortir du coma post-natal. Pour les acteurs amateurs du film d'Allio, la participation au tournage de *Pierre Rivière* constitua le moment le plus important de leur vie. Ce fut une scansion : il y a un avant et un après. Les choix professionnels et politiques sont là pour le rappeler : un tout autre regard sur la maladie mentale de ces parents d'une enfant schizophrène, les soins donnés à des sujets débiles mentaux dans une institution pour cette femme qui aurait dû travailler la terre, la participation, dans ce pays fortement conservateur, à la lutte antinucléaire de cette boulangère qui par ailleurs lutte contre une aphasie. Et surtout, pour Claude Hébert, un autre film (*La Drôlesse* de Doillon), le départ à Paris comme acteur puis la conversion et l'installation à Haïti auprès des populations les plus démunies, pour celui qui jouait Pierre Rivière et qui revient dans le film de Philibert comme prêtre. Claude Hébert déclare aujourd'hui qu'il était d'une grande timidité et qu'il avait voulu faire aimer Pierre Rivière. Il voit dans sa vocation une continuité avec le travail de comédien : la nécessité de témoigner.

Il me semble que bien des films de Philibert soutiennent cette politique : dans *La moindre des choses* (1996), les malades de la clinique psychiatrique de La Borde, haut lieu de l'antipsychiatrie française et de l'analyse anti-institutionnelle, héritier de Saint Alban en Lozère et de Tosquelles, montent avec l'aide du personnel une pièce de Gombrowicz : *Opérette*. On sait que le personnel de la clinique est très polyvalent et que son rôle réel peut prêter à confusion : le visiteur ne peut savoir qui est en traitement et qui travaille dans l'institution puisque les apparences sont les mêmes, la rotation des tâches étant la règle. Il s'agit donc de filmer le spectacle théâtral mis en œuvre par les patients lors de la traditionnelle fête du 15 août où les familles vont constituer le public. L'important, c'est la rupture entre le long et pénible travail de répétitions et la "première" devant un public de familiers : autant l'apprentissage d'un texte ou d'un air musical est difficile, voire semble impossible du fait du mutisme de la personne, parce que l'apprentissage du rôle consiste en une lutte avec le délire qui enferme dans une répétition létale, autant la "première" qui est un acte collectif de représentation, métamorphose les uns et les autres. C'est sur ce renversement que je voudrais m'arrêter en analysant les dispositifs de spectacle (théâtre et cinéma) comme des appareils anti-destin. Les autres documentaires de Philibert (*Un animal, des animaux*, *La ville Louvre*, etc.) mettant plutôt en valeur les sans-grade de l'institution muséale, comme le taxidermiste du *Museum d'histoire naturelle* : Jacky Thiney, plutôt que les conservateurs et autres muséographes. La pratique de Philibert consiste à arriver sans scénario dans un lieu, sans idée esthétique à incarner comme l'aurait fait l'idéalisme allemand ou Brecht (Benjamin), à mettre en confiance ceux qui vont devenir ses partenaires et à les laisser travailler. Puis l'interview de certains permet de centrer le film sur une véritable personnalité. Le risque est évident : transformer celui qui donne librement ses apparences en acteur d'un jour ne comprenant pas pourquoi la gloire lui échapperait (le procès d'*Être et Avoir*).

On sait que Bourdieu a consacré son œuvre à la description des dispositifs sociaux de reproduction, un *habitus* étant toujours le produit d'une éducation, qui elle-même redéveloppe en boucle cet *habitus*, et la marge du *jeu* individuel étant toujours limitée à ce que permet l'institution. De ce point de vue, l'irruption d'un nouvel appareil va toujours, au moins dans un premier temps, contre la reproduction.

La consistance du milieu associé spécifique qu'a forgé le film d'Allio confirme à une échelle expérimentale les thèses sur le cinéma développées par Benjamin dans *L'œuvre d'art à l'époque de sa reproductibilité technique*. Je ne peux pas revenir sur l'analyse de ces thèses que j'ai développée dans *L'époque des appareils*, mais je peux rappeler néanmoins que pour lui le cinéma a généré un nouveau droit politique : le droit de donner de soi-même ses apparences en un moment qu'il caractérise comme étant celui du test généralisé, c'est-à-dire celui de l'observation objectivante du prolétariat (ou de la jeunesse ou des sportifs professionnels) par les maîtres du monde. Ce faisant Benjamin avait répondu par avance à Foucault : certes un dispositif visuel peut servir à contrôler une population donnée, l'enjeu c'est donc pour elle de le retourner en appareil. Je voudrais commenter un autre texte assez méconnu de Benjamin, destiné à conforter le travail pédagogico-politique de son amie bolchévique Asja Lacis auprès de hordes d'enfants abandonnés dans les années vingt errant dans un grand nombre de villes russes dévastées par la guerre civile. Le texte de Benjamin de 1928 se trouve inséré dans les mémoires d'A. Lacis : *Profession : Révolutionnaire. Sur le théâtre prolétarien. Meyerhold, Brecht, Benjamin, Piscator* traduit par Ph. Ivernel et publié aux PUG en 1989.

D'après le texte de Benjamin, qui est un court manifeste sur le théâtre prolétarien pour enfants, lequel n'est donc pas un théâtre d'idée, qualifié pour cela d'« idéaliste allemand », le milieu associé est constitué comme un collectif d'enfants travaillant avec l'aide d'animateurs adultes, lesquels de formateurs vont devenir formés en apprenant à lire grâce aux enfants. Il y aura donc un double renversement : les enfants assujettis à leur destin d'enfants des rues vont produire activement une sorte d'écriture de signaux corporels à déchiffrer, les adultes devenant leurs lecteurs. Pour Benjamin, ce double renversement est proprement carnavalesque, ce qui veut dire chez lui, révolutionnaire :

La représentation est la grande pause créatrice dans l'œuvre d'éducation. Elle est au royaume des enfants l'équivalent du carnaval dans les cultes anciens. Elle offre l'image du monde renversé : de même qu'à Rome, durant les Saturnales, le maître servait l'esclave, les enfants, eux, le temps d'une représentation, occupent la scène pour l'instruction et pour l'éducation des éducateurs attentifs. De nouvelles innervations, de nouvelles énergies se manifestent, dont l'animateur n'avait souvent rien deviné en cours de travail. Il apprend à les connaître dans l'émancipation tumultueuse de l'imagination enfantine. (p. 57)

C'est dire que ces animateurs doivent au moment de la « première » se retirer, devenir eux-mêmes spectateurs, ayant à déchiffrer des signaux émis par ces jeunes acteurs. Pour Benjamin, on est strictement dans le monde de la représentation, la « première » est bien une représentation où se donne toute la vitalité de la jeunesse. La représentation est donc première, elle ne vient pas succéder à une présence ou à un texte déjà écrit dont elle serait la présentation sur scène. Elle a toute la légitimité et toute l'autorité d'un acte fondateur rendant possible toute une série de variations où, selon lui, excellent les enfants. Ce qui rend possible l'expression de l'improvisation sous la forme de signaux, c'est un *cadre* préalable, celui du théâtre. Que Benjamin refuse de définir autrement que comme un *système* ou un *champ objectif limité* rendant possible l'éducation de l'enfant, laquelle « exige que sa vie entière soit mise en jeu » (p. 51). Ce qui caractérise aussi les acteurs amateurs de R. Allio. Dans ce sens, le théâtre de représentation où le jeu ne se distingue pas de la réalité, écrit-il, est bien un appareil qui traite de certaines apparences, les signaux corporels délivrés par les enfants pour les transformer en texte et en actions dont la vérité engage l'avenir.

Il faut s'arrêter sur ce type de signe : comme la représentation est surtout affaire de tensions, de résolution de tensions, de champ de forces, on peut penser qu'il y va d'une intensité, d'une énergétique plus que d'une rhétorique. Les signaux exprimés par les collectifs d'enfants sont de l'ordre de l'imagination enfantine, toujours magique et pour cela dangereuse pour les protagonistes eux-mêmes (p. 54). La tâche des animateurs consiste à innerver autrement le jeu des enfants sur le modèle du travail du peintre qui innerve l'œil par la main quand l'œil commence à se paralyser selon la référence à Fiedler (*Écrits sur l'art*).

Le peintre n'est pas un individu qui aurait une vision plus naturaliste, plus poétique ou plus extatique que d'autres, mais plutôt un homme sachant regarder de plus près avec la main quand l'œil se paralyse, et qui transfère l'innervation réceptive des muscles de la vue dans l'innervation créatrice de la main. Mise en rapport exacte de l'innervation créatrice avec la réceptive, tel est le geste enfantin. (p. 54)

Pour Benjamin, l'enchaînement sur cette innervation doit être le fait des autres formes d'expressions improvisées : peinture, récitation, musique, danse. Le passage de la simple vision, qui voit de loin, comme dans la contemplation d'un tableau, à une perception quasi tactile sera au cœur de l'analyse du cinéma (*L'œuvre d'art*) où il comparera perception de l'architecture et perception d'un film, puisque dans les deux cas, l'attention ne peut plus être mobilisée (le flâneur parcourant une ville ne prête pas attention aux édifices, on dira que sa perception est de balayage, non focalisante, c'est-à-dire de *distraction*, de même pour un film). En 1928 Benjamin n'a pas encore écrit sur le cinéma, mais déjà il caractérise la forme de perception la plus appropriée à l'esthétique moderne, qui est une esthétique du choc, et qui en même temps délivre des « dangereuses magies de la pure imagination », en déclarant que c'est une perception qui doit « donner pouvoir exécutif sur les matériaux » (p. 54), c'est donc une perception tactile où l'innervation de la main relève celle, défaillante, de l'œil. C'est la raison pour laquelle, analysant le cinéma après la photographie, Benjamin fera un bon accueil à la question de la technique, puisque pour lui l'appareil cinématographique est dans le prolongement de cette relève du visuel par la main technicienne qui a effrayé bien de nos philosophes contemporains depuis Heidegger. Certes, les propositions de

Benjamin sont proches des tentatives des groupes Medvedkine, mais si elles concernent aussi notre rapport à la ville actuelle, ce rapport peut être certes de distraction tout en ayant une visée pratique. La ville n'est pas pour lui un spectacle comme le serait un film de divertissement, mais l'occasion d'interventions pratiques. C'est peut-être le seul moyen de donner un sens à la politique situationniste de la ville qui sinon, reste superficielle.

Philibert aura saisi le milieu associé généré par le film d'Allio au moment où ce milieu, grâce à la représentation, a rompu avec son destin, et étant de fait suspendu, est devenu capable de se prendre en main. L'intervention de l'appareil cinématographique a rompu le charme du récit traditionnel et du corps communautaire : ce sont des normes de légitimité constitutives de l'être-ensemble qui sont devenues obsolètes. Au profit de la nouvelle norme de légitimité : la norme délibérative. Le cas « Rivière » rend intelligible l'imposition de cette norme dans les années 30 du XIXe siècle, quand le débat entre juristes et aliénistes porte sur la responsabilité pénale de l'inculpé. Débat affirmatif puisqu'il débouchera sur sa reconnaissance dans le code pénal.

De la compénétration des espaces

J.-L. Déotte[*]

On posera par hypothèse que Walter Benjamin aborde la question de la politique par deux grands thèmes :

1. La fantasmagorie originaire qui donne une consistance de rêverie collective à la spatialité commune, comme si la sensibilité commune des sociétés humaines, dès la Préhistoire (*Urgeschichte*, avec le double sens d'époque et d'originarité), avait eu une consistance de rêverie, comme si l'espace avait toujours la consistance de l'image[1].

W. Benjamin aura accompli un déplacement très important par rapport au marxisme : ce ne sont plus les énoncés qui entretiennent l'illusion (l'aliénation par l'idéologie), mais les images. On passe ainsi d'une conception de l'aliénation en termes d'idéologie à une conception du sol commun en termes de fantasmagorie. Ce qui propulse au premier plan le monde fantastique et magique des images, toujours perçues à travers des dispositifs et appareils optiques. D'où le terme de fantasmagorie, très en vogue au XIXe siècle pour caractériser la littérature d'Hoffmann ou de Poe en particulier. Quant

---

[*] A. Naze, *W. Benjamin, politiques de l'image*, ouvr. coll., 2015.

[1] Libero Andreotti (dir.), *Spielraum : W. Benjamin et l'architecture*, Paris, Éd. de la Villette, 2011.

aux énoncés, ils acquièrent le statut d'archives véridiques, de purs documents (comme plus tard chez Foucault) qui n'ont pas besoin d'être interprétés (il suffit de les exposer dans leur littéralité : ce qui sera fait dans *Paris* et revendiqué par lui-même comme son mode d'écriture). W. Benjamin rompt avec l'herméneutique quand il proclame qu'il expose des textes comme des objets et qu'il ne les interprète pas. *Paris* doit donc être considéré comme l'exposition d'une collection d'objets non fantasmagoriques.

2. L'espace politique, à la différence de chez Arendt-Nancy, n'est pas un simple espace d'entre exposition des singularités les unes aux autres (Nancy : l'espace de comparution) opposé à un lieu privé et intime (la maisonnée chez Arendt). Car chez ces auteurs, l'espace politique est indifférencié et non déterminé sur le plan urbanistique et architectural, même s'il y a chez eux une approche de la ville[2]. Au contraire, il faut penser l'espace psycho-sociologique à partir de l'opposition structurante habitation/communication. Par exemple, au XIXe siècle : l'appartement entendu comme étui pour un *particulier* qui y laisse ses traces *versus* le passage urbain qui englobe la foule des anonymes.

Jusqu'ici l'œuvre de W. Benjamin a été analysée à partir de la temporalité, en particulier dans mon ouvrage *L'Homme de verre : esthétiques benjaminiennes*[3]. Il en allait de même chez F. Proust : *L'Histoire à contretemps : le temps historique chez Walter Benjamin*[4]. Etc.

---

[2] Hannah Arendt, *Condition de l'homme moderne*, Georges Fradier (trad.), Paris, Calmann-Lévy (Agora), 1983 ; Jean-Luc Nancy, *La ville au loin*, Strasbourg, Éd. La Phocide, 2011.

[3] Jean-Louis Déotte, *L'Homme de verre : esthétiques benjaminiennes*, Paris/Montréal, L'Harmattan, 1988.

[4] Françoise Proust, *L'Histoire à contretemps : le temps historique chez Walter Benjamin*, Paris, Librairie générale française, 1994.

En insistant sur la découverte de l'architecture prémoderne française, effectuée à partir de sa lecture éblouissante pour lui de Giedion : *Construire en France, construire en fer, construire en béton* (1928)[5], on peut montrer que W. Benjamin va développer une problématique de la spatialité, en termes de topologie. Ce qui implique qu'entre la forme et le contenu d'une chose, il y a à la fois déformation et conservation d'invariants, géométriques par exemple[6].

On peut donner une image d'un espace topologique : une membrane de caoutchouc. Ainsi une tasse peut être dite homéomorphe d'un tore (solide géométrique présentant un tube courbé refermé sur lui-même).

Et réciproquement. Cette géométrie a été élaborée à partir des travaux de Poincaré et a connu depuis une grande complexification.

Elle est aujourd'hui à la base des architectures « non-standard » élaborées par ordinateur. Je renvoie aux travaux de G. Teyssot sur la numérisation de l'architecture[7]. La ligne droite est alors détrônée, par l'invention de nouvelles courbes mathématiques et de nouveaux logiciels. Les volumes privilégient des formes bulbaires. On peut se demander néanmoins si toute architecture projective, et même tout l'art occidental projectif des Florentins du XVe siècle jusqu'aux collages dadaïstes, ne sont pas topologiques, mais d'une manière limitée car soumis aux critères de la représentation.

---

5 Siegfried Giedion, *Construire en France, construire en fer, construire en béton* [1928], Paris, Éd. de la Villette, 2000.

6 Topologie : définition et explications : http://www.techno-science.net/?onglet=glossaire&definition=5151

7 Georges Teyssot, « Responsive Envelopes: the Fabric of Climatic Island », *Appareil*, n° 11, juin 2013.

*

Giedion avait développé dans son ouvrage-manifeste deux grands thèmes :

1. L'architecture pré-moderne était contradictoire, industrielle d'un côté, artistique de l'autre. Technique *versus* rêveuse. Fonctionnaliste *versus* « de mauvais goût », passéiste. Il reviendra aux Modernes de dépasser cette contradiction (Perret, Sauvage, Garnier, Loos, Le Corbusier) en brisant le carcan fantasmagorique, ce qui correspondrait selon Benjamin à une sortie hors du rêve dans lequel le XIXe siècle s'était enfermé, par une sorte de réveil (*Erwachen*) révolutionnaire.

L'habitation (*das Wohnen*) devient un enjeu politique central, on en veut pour preuves les Unités d'habitation de Le Corbusier (« Cités radieuses ») qui devinrent l'objet d'âpres polémiques, voire de tentatives de destruction. L'idéal réactionnaire de la droite, c'est le pavillon de banlieue, le lotissement péri-urbain, la propriété privée du chez-soi, le fanatisme nazi du toit gothique. Conséquence aujourd'hui : les immenses lotissements qui dévorent les terres agricoles, conduisant à une impasse écologique et économique (le prolongement de tous les réseaux de distribution de l'énergie, de l'eau, etc., le bétonnage des sols). Il faut donc revenir à la question de l'habitat collectif comme question politique essentielle.

2. Dans sa lutte contre la maison devenue monument, Giedion mettait l'accent sur l'entrecroisement (*Verschränkung*) des espaces. D'où sa condamnation des villas modernistes de Mallet-Stevens. Dès lors, son histoire de l'architecture est téléologique : il y a un accomplissement qui a pour nom Le

Corbusier, dont il ne connaissait alors que quelques réalisations (surtout les villas).

W. Benjamin va lancer à Giedion un défi paradoxal : là où celui-ci avait pensé les rapports infrastructure/superstructure (ossature technique / façades néo-classiques), lui (W.B.) va déplacer le problème. Ce qui en apparence l'éloigne radicalement du champ de l'architecture. Soit, propose-t-il arbitrairement, penser le rapport : processus physiologique/rêves. De l'architecture on passe au corps du collectif :

La collectivité aussi est de nature corporelle. Et la *phusis* qui pour elle s'organise en technique ne peut être produite dans toute sa réalité politique et matérielle qu'au sein d'un espace d'images avec lequel l'illumination profane nous familiarise. Lorsque le corps et l'espace d'images s'interpénètreront en elle si profondément que toute tension révolutionnaire se transformera en innervation du corps collectif, toute innervation corporelle de la collectivité en décharge révolutionnaire, alors seulement la réalité sera parvenue à cet autodépassement qu'appelle le *Manifeste communiste*[8].

Pour comprendre la portée de ce déplacement, du « matérialisme métaphysique » au « matérialisme anthropologique », il faut revenir sur un certain nombre de remaniements benjaminiens :

W. Benjamin concevait l'imagination, en particulier après ses expériences hallucinogènes marseillaises, comme une « faculté » essentielle de déformation et non de destruction.

---

[8] Walter Benjamin, « Le Surréalisme. Le dernier instantané de l'intelligentsia européenne », Maurice de Gandillac (trad.), revue par Pierre Rusch, dans *Œuvres II*, Paris, Gallimard, 2000, p. 134. Faut-il rappeler qu'à l'époque où il écrivait sur le surréalisme, Paris aurait abrité, d'après l'historien Graham Robb (*Une histoire de Paris par ceux qui l'ont fait*, 2010-2012), dix mille alchimistes !

Ce qui l'amenait à concevoir que la création artistique consiste en une déformation de formes culturelles héritées[9]. On peut faire l'hypothèse que ce type d'expérience, où l'opposition sujet/objet est déconstruite, est pour lui la matrice de toute expérience possible, quelque chose comme l'écran du rêve pour la psychanalyse, ou la forme du rideau ondulant dans le vent servant de support aux images, aux objets et à leur perception subjective, décrite dans les protocoles d'expérience à Marseille[10]. On peut parler à la suite de J. Selz d'une « rideaulogie » (travaux de S. Amy) pour donner un exemple de ce que W. Benjamin appelait « surface absolue » (*Fragments*).

L'expérience hallucinogène est probablement l'expérience la plus authentique et la plus originaire dont il montre l'absence et donc la nécessité dans une perspective comme celle de la philosophie kantienne (*Pour une philosophie qui vient…*), philosophie jugée trop positiviste, *car réduite à l'objectivation du monde.*

On abordera deux aspects : la relation forme/contenu, la relation couleur/surface.

Comme le rappelle le texte sur l'énigme de la chaussette dans *Enfance berlinoise*, la *forme* de la chaussette est une boule, une bourse, son *contenu*, c'est la chaussette dépliée[11]. Dans le passage d'un stade à l'autre, il y a bien conservation d'une entité : la chaussette, malgré une déformation radicale. Le contenu est donc la forme déployée selon le principe de

---

9 Walter Benjamin, *Fragments : philosophiques, politiques, critiques, littéraires*, Christophe Jouanlanne (trad.), Paris, PUF, 2001, que je commente dans *L'époque des appareils*, Paris, Lignes & Manifeste, 2004.

10 Walter Benjamin, *Haschich à Marseille*, Christophe Jouanlanne, Jean-François Poirier (trad.), Paris, Fata Morgana, 2013.

11 Walter Benjamin, *Enfance berlinoise*, Jean Lacoste (trad.), Paris, Les Lettres Nouvelles / Maurice Nadeau, 1988, en part. p. 110-111.

l'*évocation*, qui n'est ni une symbolisation, ni une métaphorisation au sens classique, mais une allégorisation ou une ruinification sans négativité.

Il y a donc rupture avec les conceptions platoniciennes, aristotéliciennes, voire simondoniennes de la relation forme/matière. Il faudrait ici reprendre la critique de l'hylémorphisme aristotélicien par Simondon en posant la question : quel est le principe de l'individuation de la chose chez W. Benjamin ?

On peut répondre à cela par sa conception de la couleur. La couleur n'est pas comme le dessin qui a besoin d'un support à partir duquel il se distingue. La couleur se répand comme une tache d'encre sur le papier buvard : elle génère sa forme au fur et à mesure qu'elle se répand. Dès lors, comme réponse à la question de l'individuation de la forme/matière, la réponse est : le nom propre. C'est le nom qui de l'extérieur individue la forme, sur le modèle de la création divine (*Sur le langage en général...*). Pour Dieu, créer et nommer sont la même action.

W. Benjamin renouvelle donc de fond en comble la problématique du « matériau artistique ». Qu'en sera-t-il chez Adorno ?

La peinture privilégiée par W. Benjamin sera donc liquide comme chez l'artiste Germain Roesz : aquarelle, décalcomanie, irisations de la bulle de savon, etc. À l'exemple des couleurs diaphanes de l'arc en ciel. Importance de l'art Chinois, du retable d'Issenheim et des maisons de verre de Scheerbart.

Ce que découvre W. Benjamin à la lecture de Giedion, c'est que l'architecture pré-moderne était incohérente, puisque si l'infrastructure industrielle était en métal, la superstructure, les façades étaient néo-classiques. La forme architecturale moderne devra donc être le produit d'un montage puisque c'est le principe de la production industrielle des éléments, et non plus une forme « harmonieuse ». Il en ira de même pour la production littéraire, exposant des éléments qui devront parler d'eux-mêmes : littéralité de l'exposition des archives qui devait être le principe d'exposition de *Paris, capitale du XIX*^e^ *siècle*.

On parlera plus précisément de *forme plastique* quand le principe de technicité sera la clef des rapports forme/contenu. Soit une adéquation de la forme et du contenu selon le principe de la résolution d'un problème technique, d'une innervation de la nature (le corps collectif) par la technique. Ce qui bouleverse la notion d'intérieur : par exemple sa conception fonctionnaliste du moteur de l'automobile, lequel est entendu comme intérieur (opposé à la prétendue intériorité psychologique du particulier). La forme plastique technique devient à l'époque de la technique ce qui s'impose à tous les arts, à la littérature en premier lieu. *Le Paysan de Paris* d'Aragon, texte de montage, est plus essentiel que *Madame Bovary*, chère à l'esthétique de Rancière.

*

Appliquées à la relation espace privé / espace collectif, différentes époques de la compénétration seront considérées par W. Benjamin.

1. La Renaissance avec le théâtre Olympique de Palladio/Scamozzi à Vicenza[12]

Figure 1. Vicenza : scène du théâtre Olympique

La scène du théâtre Olympique expose une compénétration de l'espace privé de la maison et de l'espace collectif de la rue à l'aune de la représentation perspectiviste. S'il y a un échange des deux types d'espace, c'est sous l'égide de la représentation. En apparence la compénétration est parfaite, mais il s'agit d'une fantasmagorie objectiviste comme le confirmeront les textes sur les perspectives haussmanniennes (*Paris, capitale du XIXe siècle*).

2. Le XIXe siècle et les passages urbains à Paris

Les passages entraînent une dissociation de la foule et du particulier réduit à ne concevoir l'univers qu'en fonction de son étui propre (appartement). Critique de l'appartement bourgeois dans *Expérience et pauvreté* : saturation des traces *versus* rêverie

12 Walter Benjamin, « Voyage en Italie » [1912], dans *Écrits autobiographiques*, Christophe Jouanlanne, Jean-François Poirier (trad.), Paris, Christian Bourgois, 1994.

collective soumise à la distraction agissant sur les processus physiologiques du corps de la foule. Le passage appareille la ville, non plus en termes projectifs, mais *immersifs*. Dans un passage, la foule absorbe physiologiquement l'extériorité (le monde atmosphérique, l'architecture, les marchandises), c'est la raison pour laquelle elle deviendra la proie des partis totalitaires, que l'on peut considérer, comme le fera Arendt, par leur fluidité idéologique[13]. Il en va de même pour ses rapports immédiats au cinéma : une foule de spectateurs est d'entrée de jeu pré-totalitaire (esthétisation de la politique)[14]. On pourrait parler de la liquidité de la modernité, dans un sens proche de Zygmunt Bauman, mais d'une manière littérale, car pour Benjamin, à la suite d'Aragon parcourant le passage de l'Opéra[15], la vie dans un passage est celle d'un aquarium :

Quelle ne fut pas ma surprise, lorsque, attiré par une sorte de bruit machinal et monotone qui semblait s'exhaler de la devanture du marchand de cannes, je m'aperçus que celle-ci baignait dans une lumière verdâtre, en quelque manière sous-marine, dont la source restait invisible. Cela tenait de la phosphorescence des poissons, comme il m'a été donné de la constater, quand j'étais encore enfant sur la jetée de Port-Bail, dans le Cotentin, mais cependant je devais m'avouer que bien que des cannes après tout puissent avoir les propriétés éclairantes des habitants de la mer, il ne semblait pas qu'une explication physique pût rendre compte de cette clarté

---

[13] Hannah Arendt, *Le système totalitaire* (vol. 3 de *Les Origines du totalitarisme*), Jean-Louis Bourget, Robert Davreu et Patrick Lévy (trad.), Paris, Seuil, 1972.

[14] Ce qui n'empêche pas l'utilisation réflexive, par certains groupes, du cinéma, à des fins politiques. Voir *L'époque des appareils*. Soit la politique de l'esthétique au sens de Benjamin.

[15] Louis Aragon, *Le Paysan de Paris*, Paris, Éd. de la Nouvelle Revue française, 1926.

surnaturelle et surtout du bruit qui emplissait sourdement la voûte. Je reconnus ce dernier : c'était cette voix de coquillages qui n'a pas cessé de faire l'étonnement des poètes et des étoiles de cinéma. Toute la mer dans le passage de l'Opéra. Les cannes se balançaient doucement comme des varechs[16]...

S'il y a une fantasmagorie propre au passage, ce n'est pas contrairement à ce qu'écrit Marc Berdet dans un livre récent[17], le fétichisme de la marchandise, au sens de Marx, soit l'illusion d'un échange autonome des marchandises, ni les féeries coloniales du *Crystal palace* (Londres, 1851), mais les naïades pré-pubères des décors de l'univers de l'Art nouveau qui privilégient les lignes courbes du kitsch.

Figure 2. Galerie Colbert à Paris

[16] *Ibid.*, p. 30-31 ; p. 32 ; p. 52-53 ; p. 67 ; p. 119.

[17] Marc Berdet, *Fantasmagories du capital : l'invention de la ville-marchandise*, Paris, Zones, 2013. Et pour une critique d'Haussmann par un marxiste anglo-saxon contemporain : David Harvey, *Paris, capitale de la modernité*, Matthieu Giroud (trad.), Paris, Les Prairies Ordinaires (Singulières modernités), 2012. On peut noter, qu'en bon marxiste, Harvey cite Benjamin pour en limiter immédiatement la portée.

L'individu devient un atome social : le *particulier*, qui n'a d'existence subjective qu'étant modelé par l'étui (l'appartement) dans lequel il vit. Entre la forme-étui et l'habitant, la relation est topologique. L'étui donne forme à son contenu comme le ferait un moule (W. Benjamin décrit le XIXe siècle comme multipliant les étuis pour tous les objets précieux). Inversement, l'habitant trouve dans l'étui le seul support disponible pour laisser les traces de son passage éphémère dans ce monde. L'appartement devient très vite totalement saturé de traces et d'enveloppes. Les analyses de W. Benjamin sont merveilleuses de précision : il ouvre la voie à ce qui deviendra avec Henri Lefebvre une sociologie critique de la vie quotidienne, qui sera reprise par les situationnistes. L'appartement et la capacité d'inscrire les traces de l'occupant vont devenir un enjeu architectural, urbanistique et finalement politique, ce que comprendront bien les « modernes », Bauhaus inclus.

Car pour W. Benjamin, si le XIXe siècle a vraiment inventé l'appartement comme support des traces de la singularité, en cela il est préhistorique (*Urgeschichte*). Pour lui, le XIXe siècle a inventé la Préhistoire, non comme discipline scientifique, mais parce qu'il a réalisé un phénomène originaire (Goethe). Car la relation originaire entre une singularité et son enveloppe, son étui, c'est celle du fœtus dans le ventre maternel (métaphore abondamment reprise par Sloterdijk).

Mais pour lui, si dans ce sens le XIXe siècle est « authentique », « au plus près de l'origine », c'est au nom d'une régression totale. L'archaïque, s'il est le prototype de la relation humaine, est parfaitement régressif. Car ce moule est totalement séparé du moule du collectif : le passage. Donc l'appartement-étui ne peut générer qu'un rêve individuel : celui de la possession du monde entier par des traces de ce dernier, les « souvenirs » touristiques des différents voyages.

Le XIXᵉ siècle est donc bien celui de l'échec total de l'articulation psycho-sociologique, et donc de la compénétration : l'opposition privé/public se réalise dans la régression la plus radicale : rêve/processus physiologiques.

Il faudra donc attendre ces nouveaux barbares que furent Loos et Le Corbusier pour que l'appartement devienne « poreux, transparent, lumineux et ouvert sur l'extérieur[18] ». Il faudra donc sortir de la Préhistoire, entrer dans l'Histoire, ce qui suppose prendre en considération le *passage* entre appartement et espace de communication. C'est de ce point de vue qu'il faudra considérer les termes de « porosité » et de « transparence » qui ne peuvent convenir à la seule description de l'appartement.

3. Moscou la révolutionnaire[19]

La solution est-elle du côté de Moscou la révolutionnaire ? Or, l'appartement moscovite ne permet à l'individu aucune inscription de traces, du fait de la mobilisation totale de la masse par la politique au moment de la contre-révolution stalinienne (1927).

---

[18] Walter Benjamin, *Paris, capitale du XIXᵉ siècle*, Jean Lacoste (trad.), Paris, Éditions du Cerf, 1989, p. 239, & « Habiter sans laisser de traces », dans *Images de pensée*, p. 231.

[19] Walter Benjamin, « Journal de Moscou » (1927), dans *Images de pensée*, Jean-François Poirier et Jean Lacoste (trad.), Paris, Christian Bourgois, 1998.

4. NAPLES[20]

C'est à Naples que la compénétration est pleinement réussie. Car il y a une réversibilité de toutes les possibilités du rapport selon la détermination du principe de porosité. La compénétration est alors littérale (pierre de lave) et topologique-politique[21].

La porosité de la pierre de lave napolitaine, voire du village autochtone sud-africain (peuple Hottentot), se réalisera dans la ville moderne grâce au béton, comme chez Le Corbusier : *Cités radieuses de Marseille, Rezé, Briey en forêt, Firminy*. L'artisanat auquel Le Corbusier a dû recourir dans l'urgence et la pauvreté des moyens l'ont empêché de lisser le béton qui a été livré – et conservé depuis lors – brut de décoffrage. Alors la matière est adéquate à la forme. Il y a eu chez Le Corbusier une décision : accepter ce que lui livrait les bâtisseurs en ne reniant pas cette pauvreté de l'expérience, d'où ce « brutalisme » dans la fabrication des pilotis par exemple[22].

Finalement, l'Unité d'habitation articule d'une manière cohérente espaces privés des appartements et espaces collectifs (appartements encastrés, services communs innovants, rues intérieures, toit paquebot, crèche, école, commerces, salles de réunion, théâtre, etc.). Benjamin aura gagné son pari contre Giedion : il sera plus corbuséen que lui. Et surtout plus politique, surtout si on le compare aux réalisations d'un autre disciple de Le Corbusier comme

---

[20] Walter Benjamin, « Journal de Naples » (1925), dans *Images de pensée*, *op. cit.*

[21] Walter Benjamin, Asja Lacis, « Journal de Naples » (1925), dans *Images de pensée*.

[22] Jacques Sbriglio, *Le Corbusier. Habiter : de la villa Savoye à l'Unité d'habitation de Marseille*, + DVD, Paris, Actes Sud, 2009, & Gérard Monnier, *Le Corbusier. Les Unités d'habitation en France*, Paris, Belin (Les destinées du patrimoine), 2002. Les différentes luttes menées par les habitants sont relatées.

Niemeyer (Brasilia !). Le Corbusier a pu réaliser des architectures qui étaient des chefs d'œuvre de sculpture (Ronchamp), mais il a aussi su réaliser de véritables cités qui sont des microcosmes de la ville, c'est-à-dire des laboratoires politiques que leurs actuels habitants ne déserteraient pour rien au monde.

Figure 3. Marseille la terrasse de la cité radieuse

Figure 4. Le Corbusier : Cité radieuse de Marseille, coupe des rues intérieures, toit collectif, pilotis de la cité radieuse de Marseille.

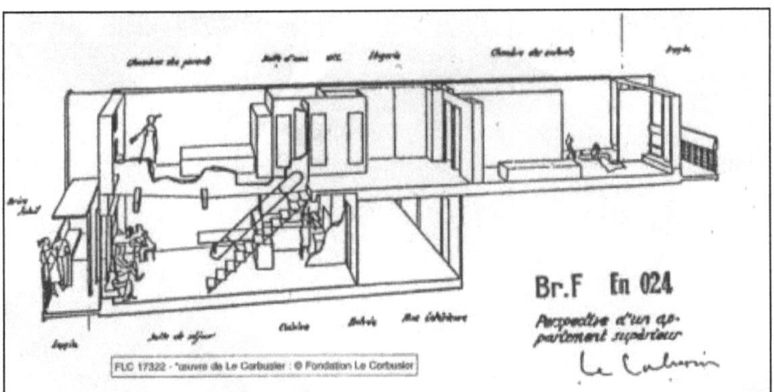

Figure 5. Les piliers de la cité radieuse

CONCLUSION

La perspective comme fantasmagorie[1]

J.-L. Déotte

Je ne pouvais pas désirer salle plus adaptée à mon discours sur Benjamin et la perspective comme fantasmagorie que cette dépendance d'un passage urbain parisien. Si la galerie Colbert a plus d'élégance perspectiviste, la Galerie Vivienne l'a toujours emporté sur sa sœur rivale, pour des raisons qui tiennent à l'exposition réussie des marchandises de luxe. En deux temps, le XIXème siècle parisien a vu surgir deux architectures que tout oppose : en son premier tiers, les passages, en un second, les perspectives haussmanniennes. Si les passages sont analysés par W.Benjamin comme l'élément le plus éloquent de la série « maison du rêve collectif », caractérisant au mieux le siècle, à la suite des gares, des établissements thermaux, des égouts, etc, les perspectives haussmanniennes, au contraire, appartiennent à un passé qui ne cesse de revenir, à l'éternel retour du Même. Ce sont des réalités quasi spectrales même

---

[1] Intervention lors du colloque « Ville et architecture », organisateurs : Ph. Cardinali, M. Perelman, INHA, 2014.

si, au contraire des passages, elles sont à ciel ouvert. On peut se demander alors si les perspectives urbaines ne sont pas toujours des compléments oniriques des passages qui se sont mondialisés depuis Paris[2].

Pourtant, sur le plan de ce qu'on pourrait appeler une cosmétique générale, si l'on développe une analyse en termes d'appareillage de l'apparaître, perspective et passage urbain sont bien des appareils. En termes phylogénétiques, la perspective inaugura une famille prodigieuse d'appareils projectifs dont le dernier en date, le cinéma, synthétise tous les autres selon Benjamin : « Le cinéma : démêlement (résultat ?) de toutes les formes de vision, de tous les rythmes et de tous les temps préformés dans les machines actuelles, de telle sorte que tous les problèmes de l'art actuel ne peuvent trouver leur formulation définitive qu'en corrélation avec le film. »[3]

Les appareils sont indissociables de leurs effets dans le réel, ceux de la perspective à point de fuite sont bien connus, surtout quand ils reviennent sous la forme urbaine imposée par Haussmann. S'il est vain de dissocier peinture, sculpture, architecture, voire théâtre dans le cas de la perspective, les effets de réel de l'appareil spécial qu'est le passage urbain furent plus immédiatement économiques et psycho-sociaux, puis tardivement artistiques (le Surréalisme). Mais ces premiers aspects tardent encore à être systématiquement explorés pour la perspective, je veux parler ici de la question ontologique du partage sujet/objet et de celle, politique, de la République.

Mais puisqu'aujourd'hui, s'agissant de la perspective, depuis les travaux fondateurs de Panofsky et leur refondation

---

[2] J.F.Geist : *Le Passage. Un type architectural au XIXème siècle*,1995.
[3] W. Benjamin : *Paris, Capitale du XIXème siècle*, Paris, 2006, p.412.

phénoménologique par Damisch, en les croisant avec la grande étude de Lefort sur la politique républicaine de Machiavel, on peut mettre en rapport l'invention du géométral et la refondation de l'espace public, à la suite de W.Benjamin, il devient possible d'effectuer la même opération s'agissant d'un appareil qui n'est plus projectif, mais immersif et inclusif (le passage urbain), en se demandant quels furent ses effets sur la singularité quelconque et sur l'être-ensemble politique. Si l'appareil perspectif a permis la représentation d'un espace où potentiellement tous les points de vue se valaient, au sens où connaissant le point de vue principal, on peut imaginer tous les autres, le surgissement de ce site, qu'on oppose à la hiérarchie des lieux aristotéliciens, implique sur le plan social-politique l'affirmation du principe d'égalité. Que reste-t-il de ce principe d'égalité quand l'espace devient immersif du fait du succès des passages urbains ? Qu'en est-il du sujet au sens philosophique du terme ?

Si Benjamin n'a pas étudié l'appareil perspectif, il se rattrape avec la photographie et le cinéma, sa philosophie étant d'ailleurs davantage d'essence photographique [4]. On peut ajouter que W.Benjamin a littéralement manqué la première Renaissance (l'Humanisme véritable) pour des raisons qui sont au premier abord contingentes (sa prédilection pour Stendhal et les *Chroniques italiennes*). Mais pas seulement.

En effet, dès *Le programme de la philosophie qui vient* [5] qui est un texte de jeunesse, dans lequel W.Benjamin critique la notion kantienne d'expérience à partir de sa lecture des néo-kantiens, il est évident que le cadre de la *Critique de la raison*

[4] C'est son ami Kracauer qui tirera les conséquences de ses intuitions sur le cinéma (*Théorie du film*).

[5] W. Benjamin : *Programme de la philosophie qui vient,* 1917. Œuvres complètes, T.1, Paris/

pure lui apparaît comme beaucoup trop étroit pour rendre compte du jugement esthétique et de la théologie. A cette époque, W.Benjamin ne doit pas avoir lu la *Critique du jugement* : la conception de l'expérience qu'il attribue à Kant est intrinsèquement confondue avec celle de la science, elle est objectivisante. S'il s'en prend à l'opposition sujet/objet, c'est qu'il réduit le sujet au sujet transcendantal de la connaissance et l'objet à la chose quantifiée et mesurée.

Mais c'est dire que si ce kantisme est la philosophie qui problématise philosophiquement les conditions de la connaissance scientifique sur une base inévitablement perspectiviste, le marginaliser comme le fait W.Benjamin, conduit inévitablement à une relativisation de la perspective. D'ailleurs l'opposition sujet/objet sera proprement déconstruite, c'est ce qu'annonce le *Programme* : la philosophie qui vient consistera en une déconstruction toujours plus approfondie de l'opposition, au profit de ce qui est au *milieu*, au profit de ce qui est *entre* sujet et objet et les rend possibles.

Bref, très tôt, dès ses analyses d'esthétique (*Fragments*)[6], la recherche benjaminienne portera sur ce qui relève du *ni, ni* : ni sujet, ni objet, donc sur ce qui précède la différenciation en objet et sujet. Ce qui est ainsi au milieu portera au fil des œuvres différents noms. Dans les *Fragments d'esthétique*, c'est l'imagination qui joue ce rôle. On sait le mal qu'avait eu Kant, entre la première et la seconde version de la première *Critique* pour définir l'imagination comme faculté de connaissance, entre les formes de la sensibilité pure et les concepts de l'entendement. Tout se passe au contraire chez W.Benjamin comme s'il fallait partir d'elle, avant toute différenciation entre les autres facultés de la connaissance qui, à des degrés divers, mettent en forme la matière du sensible.

---

[6] W. Benjamin : *Fragments*, Paris, 2001.

Ne perçoit-on pas, ne connaît-on pas en la mettant en forme, d'une manière ou d'une autre ? Ce qui a pour conséquence que l'imagination n'est plus une faculté formatrice, arrimée de près ou de loin à l'appareil perspectif, mais une puissance que tous les appareils projectifs et inclusifs supposeraient déjà avant d'être des déterminations de la « surface absolue » ou de la fantasmagorie originaire.

L'imagination n'est plus la *Einbildungskraft* kantienne, cette puissance de mise en forme, mais une puissance de déformation, de *passage*, bien que non destructrice, ce qui suppose des entités déjà-là sur lesquelles elle s'applique, une sorte de patrimoine dont tout enfant hériterait du simple fait de naître dans une culture donnée à une époque donnée. La production artistique consisterait alors en une sorte de dissolution des formes acquises, par exemple la culture des « vainqueurs de l'histoire », laquelle est inévitablement la nôtre...

Si l'imagination artistique ne met plus en forme des matériaux artistiques, c'est que le rapport matière/forme ne peut plus être entendu à la manière platonicienne ou aristotélicienne, car entre la matière et la forme, entre le contenu et le contenant, il y a plutôt chez W.Benjamin une continuité, un passage, un rapport d'expression, d'évocation, de rappel au présent (*Vergegenwärtigung*). La dimension majeure de l'imagination serait plutôt le passé. On pourrait conclure, classiquement, que la mémoire étant la mère des Muses, il n'est pas extraordinaire que la production artistique soit entée sur elle. Mais chez W.Benjamin, il y a des époques de la mémoire, qu'il faudra distinguer. Comme il y aura des époques de la transmission. La matière artistique serait alors de l'ordre de la remémoration.

A l'opposé, l'appareil perspectif en s'imposant aux arts à partir du XVème siècle, en faisant ainsi époque, privilégia l'un d'entre eux : le dessin. Le dessin, élargissant sans limites ses frontières, en devenant le *disegno* des *Traités*, fut alors à la Renaissance le véritable nom de la Forme, de l'Idée entendue comme projet, mais aussi comme archive, mémoire, idéalité, trace, etc. Bref, il se subordonna la matière et en particulier la couleur, laquelle devint une affaire de teinturier. C'est-à-dire de *l'art* des teinturiers (au sens que prit ce mot à Florence où s'imposa l'opposition sociale-politique entre arts majeurs et arts mineurs).

Pour reprendre le terme qu'utilise Simondon pour caractériser le rapport matière/forme chez Aristote : soit la notion d'hylémorphisme, il y eut bien dans la conception de la Forme que développèrent les auteurs renaissants des *Traités*, un hylémorphisme spécifique, s'agissant déjà de la couleur, mais peut-être plus essentiellement de ce qui était digne d'être représenté par rapport à une sorte d'irreprésentable social et politique, soumis l'un et l'autre au formatage de l'appareil perspectif, nécessairement premier et essentiel, comme le montre Alberti dans *Della Pittura*, même s'il lui donne comme finalité la narration[7].

Or si l'hylémorphisme aristotélicien (dont dépend une bonne partie de la métaphysique) est devenu un schème de pensée universelle, il a, de ce fait justifié et mondialisé un rapport social qui lui n'avait rien d'universel : le rapport maître/esclave, car dans le cadre antique, le maître était bien la forme qui soumettait en la finalisant la matière-esclave. Dès lors, s'il y eut quelque chose comme un hylémorphisme projectif renaissant, que tente de problématiser Panofsky

---

[7] Le traitement des formes colorées, l'absence de délinéation des figures de la Chapelle du Carmine par Masaccio, si important pour Lyotard (*Discours, Figure*), auraient donc été des exceptions.

dans *Idea*[8], cet hylémorphisme devait bien justifier et mondialiser un autre rapport social et politique de domination, celui que la révolte prolétarienne des Ciompi au XIVème siècle tenta d'abattre[9]. Si le principe d'égalité promu par l'appareil perspectif était bien le sol de toute l'histoire occidentale à venir, la contradiction éclata à Florence en 1378. Alessandro Stella écrit : « La requête d'une reconnaissance légale d'un art propre, en effet, bouleversait l'ordre social, économique et même politique. Il était moins question de sanctionner juridiquement l'apparition d'une nouvelle et énième corporation que de reconnaître aux « soumis » (les Ciompi), aux sans-droits, aux sans-paroles, aux sans-plumes, l'autonomie, la dignité d'un travail considéré comme un art à part entière, la possibilité d'avoir voix au chapitre dans les affaires de la cité .»[10]

Chez W.Benjamin, la question du sujet est implicitement celle de la perspective, dont le sort est indissociable de celui du roman, lequel naît avec Cervantès et s'achève avec l'écriture de montage d'*Alexanderplatz* de Döblin ou du cinéma. Si les perspectives urbaines parisiennes furent le dada d'Haussmann et de Louis-Napoléon (des peluches pour l'œil, du kitsch[11]), c'est du fait d'un certain fétichisme, d'un narcissisme secondaire confinant à l'autoérotisme du roman qui est toujours « le mémorial d'un moi » selon Benjamin. Le

---

8 E. Panofsky : *Idea*, 1924, Paris, 1983.

9 Machiavel : *Histoires florentines*, Livre III, chap. 1-21. Paris, 1952.

10 Alessandro Stella : *La Révolte des Ciompi. Les hommes, les lieux, le travail*, Ed. EHESS, 1993. Cité par : E.Barot : *1378 ou l'émergence de la question moderne du sujet révolutionnaire*. I : La révolte des Ciompi. Les Réveilleurs de la nuit, Toulouse, 2013.

11 « Le goût d'Haussmann pour les perspectives représente une tentative pour imposer des formes d'art à la technique (urbanistique). Cela conduit toujours au kitsch. » (W.Benjamin : *Paris,Ccapitale du XIXème siècle*, Paris, p.151).

supposé sujet de la perspective a été substantifié par la psychologie sous la forme du Moi, lequel cultive son intériorité comme tout individu « particulier » au temps de Louis-Philippe cultivant ses chers « souvenirs » dans un appartement transformé en étui.

Perspective et appartement-étui deviennent pour Benjamin des fantasmagories secondaires, complémentaires, spatiales, des rêveries collectives et individuelles. Leur correspondrait sur le plan de la temporalité : le culte de la Nouveauté (l'ultramodernité de la Mode) qui liquide l'évocation du passé, mais aussi l'enfermement dans l'éternel retour du Même, soit le retour incessant des archaïsmes. Les nouvelles apportées par les journaux ne sont plus assimilables, comme le sont les événements du passé pour la narration plébéienne, car l'information journalistique relève de l'objectivation du monde. Dès lors, ces fantasmagories secondaires déterminent la sensibilité commune prégnante au XIXème siècle. Ce sont des formes d'aliénation, déterminantes pour W.Benjamin dont le projet d'écriture (*Paris, Capitale du XIXème siècle*) est essentiellement politique : comprendre comment les masses urbaines du siècle passé auront pu être mobilisées par les partis totalitaires du XXème siècle, puisque chaque « époque rêve la suivante ». Quelle est la détermination psycho-sociale de la foule qui parcourt les passages ? La figure du « sujet » politique a-t-elle un avenir entre objectivation du monde et fantasmagorie secondaire ?

Si le projet de W.Benjamin n'avait concerné, comme l'affirme M.Berdet[12], que la description du capitalisme « le plus avancé » au XIXème siècle, il n'aurait pas pris comme objet d'étude Paris, mais Londres, l'avant-garde du

12 Marc Berdet : *Fantasmagories du capital*, 2013.

capitalisme comme le rappelle Engels [13]. La question politique devient alors celle-ci : qu'est-ce qui a pour Benjamin fondamentalement distingué Paris de Londres sur le plan architectural et urbanistique ? Accessoirement : le percement autoritaire des perspectives haussmanniennes[14]. Essentiellement les passages urbains[15]. Parce que ce sont des formes-matrices de l'immersion et donc du rêve collectif, c'est-à-dire de la fantasmagorie, et donc de l'imagination comme « faculté » de passage. Des générateurs spécifiques de fantasmagories secondaires pré-totalitaires. On sait que Giedion qui avait permis à Benjamin de découvrir la technicité de l'architecture pré-moderne française[16] ne dit rien des passages qui en relèvent pourtant, du fait de la caractéristique de leurs matériaux (la fonte, le verre), mais fait l'éloge de l'urbanisme londonien pour avoir su transformer les jardins des grandes propriétés de l'aristocratie en *squares* publics[17].

Il y aurait donc selon W. Benjamin un hylémorphisme caractéristique de la pré-modernité où les passages urbains comme formes déterminantes s'imposeraient à un matériau psycho-social, la masse des chalands d'un côté, le particulier enkysté dans son appartement de l'autre. Comme selon lui, il

---

13 F. Engels : *La situation de la classe laborieuse en Angleterre*, 1845.

14 Comme le montrent les auteurs de *L'Atlas de Paris, Evolution d'un paysage urbain* (D.Chadych, D.Leborgne, Parigramme, 2007), on a beaucoup exagéré le « perspectivisme » d'Haussmann au détriment de ce qui était impératif pour lui : l'alignement des façades et la multiplication des repères visuels. Ainsi la Fontaine Saint-Michel communique t-elle avec la Sainte-Chapelle alors que le Boulevard Saint-Michel n'est pas dans l'axe du Boulevard Sébastopol, etc.

14 Il faut noter qu'il y eut peu de passages construits à Londres même, une vingtaine en comptant ceux qui restèrent à l'état de projets. Mais chaque grande cité industrielle britannique eut les siens (cf.Geist).

16 S. Giedion : *Construire en France, en fer, en béton*, 1927. Paris, 2000.

17 S. Giedion : *Espace, temps, architecture*, Paris, 1978.

y a une continuité expressive entre la forme et le contenu, un passage permanent, la forme a la substance du rêve et le contenu celle des processus physiologiques, des humeurs. Comme il a été dit plus haut, il n'y a plus prévalence chez W.Benjamin de la forme sur le contenu, mais réversibilité : le monde du passage est une construction technique « extérieure » qui informe la masse enfermée dans une rêverie collective, laquelle, en retour annexe ce qui lui était pourtant extérieur. L'architecture industrielle des passages est alors comme absorbée par la masse. Entre la forme et le contenu, il y a bien une inclusion réciproque, un passage continuel. Le passage urbain réalise l'essence de la « faculté » humaine essentielle : l'imagination, laquelle consiste en un passage permanent. On peut affirmer par conséquent que W.Benjamin a subverti le matérialisme dialectique de Marx, puisqu'il ne pense plus en termes d'infrastructure déterminant une superstructure socio-culturelle (c'est d'ailleurs son défi à Giédion[18]), ce qu'annonçait déjà son étude sur le collectionneur et historien Fuchs[19]. En termes contemporains, cela reviendrait à dire que certes, c'est le medium qui détermine le message, parce que l'inverse est tout aussi vrai. Les perspectives haussmanniennes subissent le même sort : ce sont des « passages à ciel ouvert », ce qui est vrai pour la ville dans son ensemble. On peut considérer que dorénavant l'humanité vit au fond d'un océan vertical, ce qu'illustre le transformisme radical de Grandville. Ou l'atmosphère aquatique du passage de l'Opéra selon Aragon[20].

---

[18] Lire à ce sujet notre : *W.Benjamin et la forme plastique*,2012.

[19] Notre : *L'Homme de verre. Esthétiques benjaminiennes*. 1998.

[20] Aragon : *Le Paysan de Paris*, 1926.

La philosophie de la surface qu'on doit considérer comme un milieu débouche sur un immanentisme radical, dont on trouvera un écho dans *L'économie libidinale* de Lyotard[21], chez lequel ne subsiste qu'une surface (la peau) parcourue par des affects d'intensité différente. Que devient alors la perspective pour laquelle il y a nécessairement une transcendance : la Nature ? La Nature qui est dans le collimateur de l'appareil, la Nature qu'il faut perdre pour l'objectiver ?

La masse parcourant les passages devient fétichiste, entre rêveries et processus physiologiques (les humeurs). Ce n'est pas que le fétichisme de la marchandise cher à Marx s'impose à elle, mais que la fantasmagorie originaire impose une nouvelle forme de spectacularisation du fait de l'invagination des rues. C'est comme si, dans un processus d'involution, la masse, qui ne se partage plus en classes sociales, s'enroulait dans son propre rêve et devenait l'esclave de ses humeurs. Et se recroquevillait dans son propre corps collectif. Il est essentiel de rappeler que Benjamin n'utilise pratiquement pas le terme marxien d'idéologie, mais celui de fantasmagorie ou de rêverie collective, qui sont des déterminations psycho-sociales de l'imagination. La notion d'idéologie est indissociable d'un autre appareil projectif, la *camera obscura*, comme le rappelait S.Kofman[22]. La *camera obscura* suppose encore une transcendance, celle de la source de lumière, qui est bien réelle : le soleil. Ce qui n'est évidemment pas le cas de la fantasmagorie originaire, qu'il faut considérer comme la substance de la sensibilité collective. Tout se passe pour Benjamin comme si originairement

---

[21] J.F. Lyotard : *L'économie libidinale*, Paris, 1974. Cf. Le commentaire d'A. Heathcote, revue en ligne Appareil, n° 10, 2012.

[22] S. Kofman : *La camera obscura*, Paris, 1973

l'espace du corps du collectif était un espace d'image, avait la consistance de l'image. Il y eut certes au XIXème siècle une pratique d'engins optiques générant des images spectrales à la suite du succès considérable du dispositif de Robertson comme le rappelle Max Milner[23]. Mais on ne peut pas réduire la fantasmagorie originaire à ces productions spectrales qui n'eurent qu'un temps. Quand Benjamin écrit que le XIXème siècle a inventé la préhistoire (*Urgeschichte*), il ne s'agit pas trivialement de la discipline scientifique, mais d'affirmer que le XIXème siècle s'est développé au plus près de l'originaire. Son anthropologie est une ontologie et une méthodologie, qui ne doivent rien à la théorie des archétypes de Jung. Sa thèse serait la suivante : en innervant la sensibilité collective par des appareils esthétiques comme le cinéma, nécessairement techniques, le collectif moderne n'a jamais été aussi près de sa vérité structurelle, c'est-à-dire de son émancipation. C'est alors que les vérités de la science la plus contemporaine confirment les intuitions des talmudistes.

La notion de fantasmagorie originaire est évidemment proche du fantasme originaire de la psychanalyse, car comme lui, ce n'est pas une réalité historique, mais transhistorique. On a trop longtemps confondu fantasme originaire et fantasme des origines selon Laplanche et Pontalis[24] pour ne pas être prudent : Benjamin consacre assez de temps à critiquer Jung pour nous rassurer. La fantasmagorie originaire est seulement structurante, ce ne sont pas les prétendus mythes fondateurs de l'humanité. Elle procède par invariants, lesquels se manifestent historiquement et empiriquement. Le modèle de la boîte et du désemboîtement continu sont des

---

23 M. Milner : *La fantasmagorie*, Paris, 1982.

24 Laplanche, Pontalis : *Fantasme originaire, fantasme des origines, origine du fantasme*, Revue française de psychanalyse, 1964.

marques de fabrique de la pensée benjaminienne. Celui de la compénétration des espaces prolonge cette logique. De là sa caractérisation des villes (Paris, Moscou, Naples) selon que la compénétration des espaces privés et publics est assumée ou non. Quand elle est parfaitement réussie comme à Naples, car on trouve dans les rues de Naples des scènes d'une intimité qui serait invraisemblable partout ailleurs, c'est semble-t-il du fait de l'élection d'un matériau constructif spécial à Naples, la pierre de lave, dont la *porosité* est la clef de l'échange des réalités les plus opposées. Il y a alors parfaite adéquation entre la métamorphose de la forme (ses différents états) et la réalité du matériau. Il y a des matériaux qui permettent la réversibilité des échanges entre états différents de la forme et d'autres pas. On sait que la réflexion de Benjamin porte sur la question des seuils, or toutes les sociétés humaines ont accordé une importance spéciale aux seuils, c'est la question anthropologique des rites de passage (Van Gennep) qui nous introduit à la temporalité et à son traitement social. Benjamin peut écrire à la fois que notre « époque est pauvre en expériences du seuil » et que la modernité architecturale, en construisant des maisons de verre, a accompli une véritable révolution. Il peut alors sembler paradoxal de rapprocher la pierre de lave et la paroi de verre, mais l'une et l'autre sont des déterminations de la membrane de transformations dans une topologie. Le seuil est donc le nom benjaminien de la membrane topologique. Pour Benjamin, la transparence (« révolutionnaire ») du verre est du même ordre que la porosité de la pierre de lave. Il y a donc bien des « échangeurs » topologiques qui permettent de structurer la fantasmagorie originaire, laquelle échappe ainsi au primat freudien de la libido. D'autant qu'un fantasme chez Freud, c'est toujours un scénario érotique où la place du « sujet » reste indéterminée. Benjamin n'était pas un grand freudien !

Il y aurait donc une anthropologie benjaminienne à problématiser, où la question de la technique comme innervation du corps collectif, la question du double qui n'est pas nécessairement un spectre, le « communisme primitif » (le village Hottentot du texte sur Naples), etc, seraient des pièces essentielles.

BIBLIOGRAPHIE

Agamben Giorgio, *Qu'est-ce qu'un dispositif ?*, Martin Rueff (trad.), Paris, Payot & Rivages, 2007.

Andreotti Libero (dir.), *Spielraum : W. Benjamin et l'architecture*, Paris, Éd. de la Villette, 2011.

Aragon Louis, *Le Paysan de Paris*, Paris, Gallimard, 1926.

Arendt Hannah, *Le système totalitaire* (vol. 3 de *Les Origines du totalitarisme*), Jean-Loup Bourget, Robert Davreu et Patrick Lévy (trad.), Paris, Seuil, 1972.

Arendt Hannah, *Condition de l'homme moderne*, Georges Fradier (trad.), Paris, Calmann-Lévy (Agora), 1983.

Asja Lacis, *Profession : Révolutionnaire. Sur le théâtre prolétarien. Meyerhold, Brecht, Benjamin, Piscator*, Ph. Ivernel (trad.), Éd. Presses universitaires de Grenoble, 1989.

Benjamin Walter, *Passagen-Werk*, Frankfurt am Main, Suhrkamp, 1983.

Benjamin Walter, *Origine du drame baroque allemand*, Paris, Flammarion, 1985.

Benjamin Walter, « Enfance berlinoise », in *Sens unique*, J. Lacoste (trad.), Paris, M. Nadeau, 1988.

Benjamin Walter, *Paris, capitale du XIXe siècle : le livre des passages*, Jean Lacoste (trad.), Paris, Éditions du Cerf, 1989.

Benjamin Walter, *Écrits français*, Paris, Gallimard, 1991.

Benjamin Walter, « Voyage en Italie » [1912], dans *Écrits autobiographiques*, Christophe Jouanlanne, Jean-François Poirier (trad.), Paris, Christian Bourgois, 1994.

Benjamin Walter, « Habiter sans laisser de traces », dans *Images de pensée*, Paris, Christian Bourgois, 1998.

Benjamin Walter, « Journal de Moscou » [1927], dans *Images de pensée*, Jean-François Poirier, Jean Lacoste (trad.), Paris, Christian Bourgois, 1998.

Benjamin Walter, Lacis Asja, « Journal de Naples » [1925], dans *Images de pensée*, Paris, Christian Bourgois, 1998.

Benjamin Walter, « Le Surréalisme. Le dernier instantané de l'intelligentsia européenne », Maurice de Gandillac (trad.), revue par Pierre Rusch, dans *Œuvres II*, Paris, Gallimard, 2000.

Benjamin Walter, *Fragments : philosophiques, politiques, critiques, littéraires*, Christophe Jouanlanne (trad.), Paris, PUF, 2001.

Benjamin Walter, *Haschich à Marseille*, Christophe Jouanlanne, Jean-François Poirier (trad.), Paris, Fata Morgana, 2013.

Benjamin Walter, « L'œuvre d'art à l'époque de sa reproductibilité technique » (dernière version de 1939), in Œuvres III, Maurice de Gandillac (trad.), revue par Rainer Rochlitz, Paris, Gallimard, 2000, p. 269-316.

Benjamin Walter, « La Tâche du traducteur », in *Expérience et pauvreté*, Paris, Payot & Rivages, 2011.

Berdet Marc, *Fantasmagories du capital : L'invention de la ville-marchandise*, Paris, Zones, 2013.

Blanqui Auguste, *L'Éternité par les astres*, Paris, Slatkine, 1996.

Bodei Remo, *La sensation de déjà vu*, Paris, Seuil, 2007.

Crary Jonathan, *L'art de l'observateur : vision et modernité au XIXe siècle*, Nîmes, J. Chambon, 1994.

Damisch Hubert, *L'Origine de la perspective*, Paris, Flammarion, 1993.

Déotte Jean-Louis, *L'Homme de verre : esthétiques benjaminiennes*, Paris, L'Harmattan, 1999.

Déotte Jean-Louis, *L'époque de l'appareil perspectif. Brunelleschi, Machiavel, Descartes*, Paris, L'Harmattan, 2001.

Déotte Jean-Louis, *L'époque des appareils*, Paris, Lignes-Léo Scheer, 2004.

Déotte Jean-Louis, *Qu'est-ce qu'un appareil ?*, Paris, L'Harmattan, 2007.

Déotte Jean-Louis, *Walter Benjamin et la forme plastique*, Paris, L'Harmattan, 2012.

Déotte Jean-Louis, « L'espace et l'architecture : état des lieux », revue en ligne Appareil, 2013.

Déotte Jean-Louis, « La compénétration des espaces chez W. Benjamin », revue en ligne *Appareil*, à paraître.

Derrida Jacques, « Le cinéma et ses fantômes », in *Les Cahiers du cinéma*, n° 534, 1999.

Freud Sigmund, *Au-delà du principe de plaisir,* Jean Laplanche, Jean-Bertrand Pontalis (trad.), Paris, Payot & Rivages (Petite bibliothèque Payot), 2010.

Giedion Siegfried, *Construire en France, construire en fer, construire en béton* [1928], Paris, Éd. de la Villette, 2000.

Goethe Johann Wolfgang von, *Les Affinités électives*, P. Du Colombier (éd.) (trad.), Paris, Gallimard, 1980.

Harvey David, *Paris, capitale de la modernité*, Matthieu Giroud (trad.), Paris, Les Prairies Ordinaires (Singulières modernités), 2012.

Kracauer Siegfried, Théorie du film. La rédemption de la réalité matérielle, Paris, Flammarion, 2010.

Machiavel, *Discours sur la première décade de Tite-Live*, Paris, Flammarion, 1985. DOI : 10.3917/imin.021.0071

Monnier Gérard, *Le Corbusier. Les Unités d'habitation en France*, Paris, Belin (Les destinées du patrimoine), 2002.

Nancy Jean-Luc, *La ville au loin*, Strasbourg, Éd. la Phocide, 2011.

Porchet Michel, *La production industrielle de l'image : critique de l'image de synthèse*, Paris, l'Harmattan, 2002.

Proust Françoise, *L'Histoire à contretemps : le temps historique chez Walter Benjamin*, Paris, Éditions du Cerf, 1994.

Sbriglio Jacques, *Le Corbusier. Habiter : de la villa Savoye à l'Unité d'habitation de Marseille* [+ DVD], Paris, Actes Sud, 2009.

Teyssot Georges, « Responsive Envelopes: the Fabric of Climatic Islands », *Appareil*, n° 11, juin 2013, http://revues.mshparisnord.org/appareil/index.php/lodel/docannexe/image/1036/index.php?id=1620. DOI : 10.4000/appareil.1748

L'HARMATTAN ITALIA
Via Degli Artisti 15; 10124 Torino
harmattan.italia@gmail.com

L'HARMATTAN HONGRIE
Könyvesbolt ; Kossuth L. u. 14-16
1053 Budapest

L'HARMATTAN KINSHASA
185, avenue Nyangwe
Commune de Lingwala
Kinshasa, R.D. Congo
(00243) 998697603 ou (00243) 999229662

L'HARMATTAN CONGO
67, av. E. P. Lumumba
Bât. – Congo Pharmacie (Bib. Nat.)
BP2874 Brazzaville
harmattan.congo@yahoo.fr

L'HARMATTAN GUINÉE
Almamya Rue KA 028, en face
du restaurant Le Cèdre
OKB agency BP 3470 Conakry
(00224) 657 20 85 08 / 664 28 91 96
harmattanguinee@yahoo.fr

L'HARMATTAN MALI
Rue 73, Porte 536, Niamakoro,
Cité Unicef, Bamako
Tél. 00 (223) 20205724 / +(223) 76378082
poudiougopaul@yahoo.fr
pp.harmattan@gmail.com

L'HARMATTAN CAMEROUN
TSINGA/FECAFOOT
BP 11486 Yaoundé
699198028/675441949
harmattancam@yahoo.com

L'HARMATTAN CÔTE D'IVOIRE
Résidence Karl / cité des arts
Abidjan-Cocody 03 BP 1588 Abidjan 03
(00225) 05 77 87 31
etien_nda@yahoo.fr

L'HARMATTAN BURKINA
Penou Achille Some
Ouagadougou
(+226) 70 26 88 27

L'HARMATTAN SÉNÉGAL
10 VDN en face Mermoz, après le pont de Fann
BP 45034 Dakar Fann
33 825 98 58 / 33 860 9858
senharmattan@gmail.com / senlibraire@gmail.com
www.harmattansenegal.com